Curso

*La diferencia entre aprobar
y sacar plaza*

Peón/a

AF212138

AYUNTAMIENTO DE VALLADOLID

Si aún no dispones de tu **Curso MAD360**, te ofrecemos un acceso GRATIS de 30 días para que disfrutes de los siguientes recursos:

- Técnicas de Memoria 360.
- MADTEST: Test *online* Nivel PRO.
- Temario en formato digital.
- Planificación de estudio.
- Foro entre opositores hasta la fecha del examen.*
- Recursos y novedades exclusivas.
- Consúltanos sobre tu oposición y proceso selectivo.
- Actualizaciones legislativas (Boletines Oficiales) hasta 60 días antes de la fecha del examen.*

Para acceder a esta prueba del Curso MAD360** será necesaria la compra de todos los libros para esta especialidad de la edición 2026.

Regístrate en **mad.es/iniciar-sesion** y en la pestaña MIS CURSOS valida los códigos que encuentras en la última página de tus libros.

NOTA IMPORTANTE:

* Examen de esta categoría profesional correspondiente a la convocatoria publicada en el BOE núm. 11, de 13 de enero de 2026, o hasta el 28 de febrero de 2027, lo que se cumpla antes, y previa renovación del servicio.

** El acceso al CURSO MAD360 estará disponible desde febrero de 2026 (algunos recursos podrían estar disponibles en fecha posterior). Tendrá una duración de 30 días RENOVABLES mediante pago, desde la validación de códigos, o hasta el 31 de agosto de 2027, lo que se cumpla antes.

MAD se reserva el derecho a ampliar dichas fechas.

Peón/a del Ayuntamiento de Valladolid

Febrero 2026

Peón/a del Ayuntamiento de Valladolid

Test del temario

Autoras

TERESA M.ª TORRES FONSECA
Licenciada en Derecho

MAGALÍ RIERA ROCA
Licenciada en Derecho

LIDIA PONCE MARTÍNEZ
Licenciada en Psicología

© 7 Editores Recursos para la Cualificación Profesional y el Empleo, S.L. (7 Editores)
© Las autoras
Primera edición, febrero 2026 (98 páginas)
Derechos de edición reservados a favor de 7 Editores
IMPRESO EN ESPAÑA
Diseño Portada: 7 Editores
Edita: 7 Editores
Avda. San Francisco Javier, 9 · Edificio Sevilla 2 · Planta 11 · Módulos 25-27 · 41018 Sevilla
Teléfono: 954 784 411 · WEB: www.mad.es · e-mail: administracion@7editores.com
ISBN: 979-13-702-8554-8
© "Editorial Mad" y "Eduforma" son nombres comerciales registrados de
7 Editores Recursos para la Cualificación Profesional y el Empleo, S.L.

Índice

TEST N.º 1

La Constitución española de 1978. Principios generales. Derechos y libertades fundamentales de los españoles

1. La inmediata puesta a disposición judicial derivada del habeas corpus, se produce por:

a) Detención ilegal.
b) Prisión ilegal.
c) Prisión preventiva.

2. El secreto profesional, constitucionalmente, sirve para:

a) Ejercer con libertad una profesión titulada.
b) La libertad de creación científica y técnica.
c) No declarar sobre hechos presuntamente delictivos.

3. El Título de la Constitución que trata de la reforma constitucional es el:

a) Primero.
b) Décimo.
c) Noveno.

4. La detención preventiva no podrá durar más del tiempo estrictamente necesario para la realización de las averiguaciones tendentes al esclarecimiento de los hechos, y, en todo caso, el detenido deberá ser puesto en libertad o a disposición de la autoridad judicial, en el plazo máximo de:

a) Doce horas.
b) Veinticuatro horas.
c) Setenta y dos horas.

5. El artículo 1.1 de la Constitución Española de 1978 propugna como valores superiores de su ordenamiento jurídico la libertad, la justicia, la igualdad y el pluralismo político. Estos valores:

a) Tienen mero carácter declarativo.
b) Tienen carácter normativo.
c) Suponen una mera declaración retórica.

6. Tendrán el derecho de petición colectiva por escrito:

a) Únicamente los sindicatos.
b) Únicamente los partidos políticos.
c) Todos los ciudadanos excepto los miembros de los Institutos y Fuerzas Armadas.

7. ¿Qué artículo de la Constitución Española garantiza, en primer lugar, el derecho al honor, en segundo lugar, el derecho a la intimidad, tanto personal como familiar, y en tercer lugar, el derecho a la propia imagen?

a) El artículo 18.1.
b) El artículo 18.3.
c) El artículo 19.

8. ¿Cuál de los siguientes no es uno de los valores superiores del ordenamiento jurídico proclamados en el artículo 1.1. de la Constitución Española?

a) La legalidad.
b) La libertad.
c) La justicia.

9. ¿Qué artículo de la Constitución Española establece que todos tienen derecho a la vida y a la integridad física y moral sin que, en ningún caso, puedan ser sometidos a tortura ni a penas o tratos inhumanos o degradantes?

a) El art. 14.
b) El art. 15.
c) El art. 17.

10. La soberanía nacional reside en:

a) Las Cortes Generales.
b) El Gobierno de la Nación.
c) El pueblo español.

11. Según la Constitución, las asociaciones solo podrán ser disueltas o suspendidas:

a) En virtud de resolución judicial no motivada.
b) En virtud de resolución judicial motivada.
c) Por decisión del Tribunal Constitucional.

12. Además de en la vida económica y política, los poderes públicos deben fomentar la participación de los ciudadanos en la vida:

a) Cultural.
b) Social.
c) Las respuestas a) y b) son correctas.

13. El secuestro de publicaciones podrá efectuarse:

a) Solamente en virtud de resolución judicial.
b) Por orden del Gobernador Civil.
c) Por orden del Ministro de Interior o de Justicia.

14. La nacionalidad española se adquiere, se conserva y se pierde:

a) Según lo que establezca el Ministerio de Justicia.
b) Según lo que establezca el Ministerio del Interior.
c) Según lo que establezca la Ley.

15. La iniciativa económica pública en España:

a) Debe ser subsidiaria de la privada.
b) Se prohíbe al consagrarse la libertad de empresa en el marco de la economía de mercado.
c) Está reconocida por la Constitución.

16. De los siguientes derechos fundamentales, podrá ser suspendido cuando se acuerda la declaración del estado de excepción, en los términos previstos en la Constitución Española:

a) El derecho de asociación.
b) El derecho de sindicación.
c) La inviolabilidad del domicilio.

17. ¿Quién es el Alto Comisionado de las Cortes Generales, designado por estas para supervisar la actividad de la Administración?

a) El Rey.
b) El Presidente del Gobierno.
c) El Defensor del Pueblo.

18. El artículo 31.1 de la Constitución Española dispone que todos contribuirán al sostenimiento de los gastos públicos de acuerdo con su capacidad económica mediante un sistema tributario justo inspirado en los principios de:

a) Igualdad y progresividad, que en ningún caso, tendrá alcance confiscatorio.
b) Igualdad y solidaridad, que en ningún caso, tendrá alcance confiscatorio.
c) Legalidad y solidaridad, que en ningún caso, tendrá alcance confiscatorio.

19. ¿En qué artículo de la Constitución Española se reconoce y garantiza el derecho a la autonomía de las nacionalidades y regiones?

a) En su artículo 1.
b) En su artículo 2.
c) En su artículo 3.

20. ¿En qué fecha se aprobó en referéndum el texto constitucional?

a) El 31 de octubre de 1978.
b) El 6 de diciembre de 1978.
c) El 27 de diciembre de 1978.

21. Los Tribunales de Honor están prohibidos respecto de los/la/las:

a) Sindicatos y Organizaciones Profesionales.
b) Administración Civil y Militar.
c) Organizaciones Profesionales y la Administración Civil.

22. Los Tribunales de Honor:

a) Están prohibidos.
b) Están permitidos.
c) Están autorizados solo en instituciones públicas.

23. Las primeras elecciones democráticas celebradas en España tras la muerte de Franco tuvieron lugar en:

a) 1975.
b) 1976.
c) 1977.

24. Los españoles pueden elegir su residencia:

a) Libremente.
b) Previa autorización Judicial.
c) Previa autorización Gubernativa.

25. El artículo 1.3 de la Constitución Española establece que la forma política del Estado es:

a) La democracia.
b) El Estado social y democrático de Derecho.
c) La Monarquía Parlamentaria.

26. Deben tener una estructura interna y un funcionamiento democrático los/las:

a) Partidos Políticos.
b) Colegios Profesionales.
c) Todos ellos.

27. ¿En qué apartado de la Constitución Española aparecen regulados los Derechos Fundamentales y Libertades Públicas?

a) En la Sección I del Capítulo II del Título I.
b) En la Sección II del Capítulo II del Título I.
c) En el Capítulo III del Título I.

28. El art. 36 de la Constitución Española señala que la Ley regulará las peculiaridades propias del régimen jurídico de los Colegios Profesionales y el ejercicio de las profesiones tituladas, debiendo, su estructura interna y el funcionamiento de los Colegios, ser:

a) Paritarios.
b) Democráticos.
c) Homogéneos.

29. La Constitución Española se estructura en:

a) Un Preámbulo, ciento sesenta y nueve artículos, repartidos en un Título Preliminar y otros diez Títulos más, cuatro Disposiciones Adicionales, nueve Disposiciones Transitorias, una Disposición Derogatoria y una Disposición Final.
b) Un Preámbulo, ciento sesenta y nueve artículos, repartidos en un Título Preliminar y otros diez Títulos más, cinco Disposiciones Adicionales, siete Disposiciones Transitorias, una Disposición Derogatoria y una Disposición Final.
c) Un Preámbulo, ciento sesenta y seis artículos, repartidos en un Título Preliminar y otros diez Títulos más, cuatro Disposiciones Adicionales, nueve Disposiciones Transitorias, una Disposición Derogatoria y una Disposición Final.

30. Según el artículo 3.1 de la CE, el castellano es la lengua española oficial del Estado. Todos los españoles tienen:

a) El deber de usarla.
b) El derecho a conocerla.
c) El deber de conocerla y el derecho a usarla.

En MADTEST tienes **más preguntas de este tema**, y todos tus avances quedan registrados y se reflejan en el ranking.

¡Supera tus límites con MADTEST!

Solución al test n.º 1

1. a) Detención ilegal.

2. c) No declarar sobre hechos presuntamente delictivos.

3. b) Décimo.

4. c) Setenta y dos horas.

5. b) Tienen carácter normativo.

6. c) Todos los ciudadanos excepto los miembros de los Institutos y Fuerzas Armadas.

7. a) El artículo 18.1.

8. a) La legalidad.

9. b) El art. 15.

10. c) El pueblo español.

11. b) En virtud de resolución judicial motivada.

12. c) Las respuestas a) y b) son correctas.

13. a) Solamente en virtud de resolución judicial.

14. c) Según lo que establezca la Ley.

15. c) Está reconocida por la Constitución.

16. c) La inviolabilidad del domicilio.

17. c) El Defensor del Pueblo.

18. a) Igualdad y progresividad, que en ningún caso, tendrá alcance confiscatorio.

19. b) En su artículo 2.

20. b) El 6 de diciembre de 1978.

21. c) Organizaciones Profesionales y la Administración Civil.

22. a) Están prohibidos.

23. c) 1977.

24. a) Libremente.

25. c) La Monarquía Parlamentaria.

26. c) Todos ellos.

27. a) En la Sección I del Capítulo II del Título I.

28. b) Democráticos.

29. a) Un Preámbulo, ciento sesenta y nueve artículos, repartidos en un Título Preliminar y otros diez Títulos más, cuatro Disposiciones Adicionales, nueve Disposiciones Transitorias, una Disposición Derogatoria y una Disposición Final.

30. c) El deber de conocerla y el derecho a usarla.

TEST N.º 2

**El municipio. El término municipal. La población.
Las competencias de los municipios. Consideración especial del
vecino. Información y participación ciudadana**

1. El transporte colectivo urbano de viajeros debe prestarse obligatoriamente en los Municipios de más de:

a) 5.000 habitantes.
b) 10.000 habitantes.
c) 50.000 habitantes.

2. El Consejo de Empadronamiento está adscrito al/a la:

a) Presidencia del Gobierno de la Nación.
b) Ministerio del Interior.
c) Ministerio de Economía, Comercio y Empresa.

3. En el ámbito local el único órgano que puede someter a consulta popular un asunto es el:

a) Presidente de la Diputación Provincial.
b) Alcalde.
c) Gobierno de la Nación.

4. Los conflictos de competencias planteados entre diferentes Entidades Locales serán resueltos por la Administración de la Comunidad Autónoma o por la Administración del Estado, previa audiencia de:

a) El Senado.
b) Las Comunidades Autónomas afectadas.
c) El Consejo de Estado.

5. ¿Cuál de los siguientes datos no es obligatorio a la hora de la inscripción en el Padrón municipal?

a) Lugar y fecha de nacimiento.
b) Nacionalidad.
c) Número de teléfono.

6. La confección del Padrón de españoles residentes en el extranjero es competencia del/de la:

a) Ayuntamiento de su último domicilio en España.
b) Comunidad Autónoma donde hubieren nacido.
c) Administración General del Estado.

7. Si se plantea un conflicto de competencias entre dos Ayuntamientos de distintas Provincias de una misma Comunidad Autónoma, se resuelve por el/la/las:

a) Pleno de cada uno de ellos.
b) Ministerio de la Presidencia, Justicia y Relaciones con las Cortes.
c) Comunidad Autónoma.

8. La evaluación e información de situaciones de necesidad social y la atención inmediata a personas en situación o riesgo de exclusión social, debe prestarse en los Municipios que tengan una población, como mínimo, superior a:

a) 50.000 habitantes.
b) 5.000 habitantes.
c) 20.000 habitantes.

9. La creación de nuevos municipios solo podrá realizarse sobre la base de núcleos de población territorialmente diferenciados, de al menos:

a) 3.000 habitantes.
b) 4.000 habitantes.
c) 10.000 habitantes.

10. La personalidad jurídica de los Municipios, según la Constitución Española, es:

a) Propia.
b) Plena.
c) Reconocida por el Ente que los crea.

11. La división del término municipal en distritos, barrios, etc., es competencia del/de la:

a) Instituto Geográfico Nacional.
b) Diputación Provincial.
c) Ayuntamiento respectivo.

12. Señala cuál de los siguientes no es un servicio que se deba prestar en todos los Municipios:

a) Biblioteca pública.
b) Pavimentación de las vías públicas.
c) Limpieza viaria.

13. Según nuestra Constitución, los Concejales no son elegidos por sufragio:

a) Universal.
b) Igual.
c) Paritario.

14. Es servicio mínimo de un Ayuntamiento de menos de 5.000 habitantes el de:

a) Servicios funerarios.
b) Medio ambiente urbano.
c) Limpieza viaria.

15. No es posible la consulta popular en la siguiente materia:

a) Sobre competencias municipales.
b) Hacienda Local.
c) Servicios municipales.

16. La convocatoria de consultas populares debe autorizarla el/la:

a) Gobierno de la Nación.
b) Presidente de la Corporación.
c) Comunidad Autónoma.

17. ¿Cuál de los siguientes no es uno de los tres elementos que, conforme al artículo 11.2.º LRL, constituyen el Municipio?

a) La Organización.
b) La Población.
c) Las Competencias (propias o delegadas).

18. La inscripción en el Padrón Municipal solo surtirá efecto por el tiempo que subsista el hecho que la motivó y, en todo caso, cuando se trate de la inscripción de extranjeros no comunitarios sin autorización de residencia permanente, deberá ser objeto de renovación periódica:

a) Cada año.
b) Cada dos años.
c) Cada tres años.

19. No es servicio mínimo de un Ayuntamiento de menos de 5.000 habitantes el de:

a) Acceso a los núcleos de población.
b) Alumbrado público.
c) Transporte colectivo urbano de viajeros.

20. No es una competencia que pueda ser ejercida como propia por el Municipio:

a) La protección y gestión del Patrimonio histórico.
b) Policía nacional y protección civil.
c) La protección contra la contaminación acústica.

21. Las directrices e instrucciones técnicas para la formación, mantenimiento y rectificación del Padrón corresponde emanarlas al/a la:

a) Propio Ayuntamiento Pleno.
b) Administración General del Estado.
c) Comunidad Autónoma.

22. En el Padrón no debe constar respecto de un vecino su:

a) Sexo.
b) Domicilio habitual.
c) Debe figurar todo lo anterior.

23. La pertenencia de un Municipio a dos Provincias:

a) Se admite excepcionalmente.
b) Ha de estar prevista en norma con rango de ley.
c) Está prohibida en nuestro ordenamiento jurídico.

24. Para ser vecino de un Municipio:

a) Hay que estar empadronado como tal en él.
b) Basta con la residencia habitual en el mismo.
c) No es necesario ser mayor de edad.

25. Las cuestiones que se susciten entre Municipios sobre deslinde de sus términos municipales serán resueltas por:

a) La correspondiente Comunidad Autónoma.
b) El Gobierno de España.
c) Las Diputaciones Provinciales.

26. La protección civil es servicio mínimo a prestar por los Municipios de más de:

a) 5.000 habitantes.
b) 20.000 habitantes.
c) 50.000 habitantes.

27. ¿Qué define ENTRENA CUESTA como el Ente Público menor territorial primario?

a) La Comarca.
b) La Mancomunidad de Municipios.
c) El Municipio.

28. ¿Dónde deben publicarse las ordenanzas locales para entrar en vigor?

a) En el Boletín Oficial del Estado.
b) En la sede electrónica exclusivamente.
c) En el Boletín Oficial de la provincia.

29. ¿Qué porcentaje de vecinos se requiere para ejercer la iniciativa popular en municipios de hasta 5.000 habitantes?

a) El 10 %.
b) El 15 %.
c) El 20 %.

30. ¿Qué porcentaje de vecinos se requiere para ejercer la iniciativa popular en municipios de más de 20.001 habitantes?

a) El 10 %.
b) El 15 %.
c) El 20 %.

En MADTEST tienes **más preguntas de este tema**, y todos tus avances quedan registrados y se reflejan en el ranking.

¡Supera tus límites con MADTEST!

Solución al test n.º 2

1. c) 50.000 habitantes.

2. c) Ministerio de Economía, Comercio y Empresa.

3. b) Alcalde.

4. b) Las Comunidades Autónomas afectadas.

5. c) Número de teléfono.

6. c) Administración General del Estado.

7. c) Comunidad Autónoma.

8. c) 20.000 habitantes.

9. b) 4.000 habitantes.

10. b) Plena.

11. c) Ayuntamiento respectivo.

12. a) Biblioteca pública.

13. c) Paritario.

14. c) Limpieza viaria.

15. b) Hacienda Local.

16. a) Gobierno de la Nación.

17. c) Las Competencias (propias o delegadas).

18. b) Cada dos años.

19. c) Transporte colectivo urbano de viajeros.

20. b) Policía nacional y protección civil.

21. b) Administración General del Estado.

22. c) Debe figurar todo lo anterior.

23. c) Está prohibida en nuestro ordenamiento jurídico.

24. a) Hay que estar empadronado como tal en él.

25. a) La correspondiente Comunidad Autónoma.

26. b) 20.000 habitantes.

27. c) El Municipio.

28. c) En el Boletín Oficial de la provincia.

29. c) El 20 %.

30. a) El 10 %.

TEST N.º 3

Los órganos de gobierno y administración del Ayuntamiento de Valladolid: Nociones básicas sobre el Alcalde, el Pleno, la Junta de Gobierno y los Concejales

1. Ostenta/n la máxima representación de la Ciudad:

a) El Alcalde.
b) Los concejales.
c) La Junta de Gobierno.

2. Para la elección del Alcalde, a los concejales:

a) Se les manda un mensaje al teléfono.
b) Se les hará entrega de una papeleta por cada una de las candidaturas y una más en blanco y de un sobre.
c) Se les hará votar de viva voz.

3. En la elección del Alcalde:

a) Solo puede emitirse voto a favor de alguno de los candidatos a la Alcaldía salvo que, finalizada la lectura de estas reglas, alguno de ellos manifieste su renuncia.
b) Puede emitirse voto sobre cualquier integrante del Pleno.
c) Puede emitirse voto sobre cualquier trabajador del Ayuntamiento.

4. Si una papeleta de voto tiene más de un nombre:

a) Se considera válida.
b) Se considera nula.
c) Se considera voto en blanco.

5. Si el sobre no contuviese papeleta o esta se presentara en blanco, el voto:

a) Se considera válido.
b) Se considera nulo.
c) Se considera voto en blanco.

6. En caso de vacante de la Alcaldía, en defecto de Tenientes de Alcalde, asumirá accidentalmente la misma:

a) Cualquier trabajador que se proponga.
b) El concejal más antiguo en el período del mandato corporativo.
c) El concejal de más edad.

7. Dirige la política, el gobierno y la administración municipales:

a) El Alcalde.
b) Los concejales.
c) La Junta de Gobierno.

8. Es responsable de la gestión política ante el Pleno:

a) El Alcalde.
b) Los concejales.
c) La Junta de Gobierno.

9. Establecer directrices generales de la acción de gobierno municipal y asegurar su continuidad es una función de:

a) El Alcalde.
b) Los Concejales.
c) La Junta de Gobierno.

10. El Alcalde podrá hacer públicas sus recomendaciones o decisiones que afecten a la población por medio de:

a) Bandos.
b) Leyes.
c) Reglamentos.

11. Los Tenientes de Alcalde sustituyen a este:

a) Por el orden de su nombramiento, en los casos de vacante, ausencia o enfermedad, mediante el correspondiente Decreto de sustitución.
b) Por el orden de edad, de más jóvenes a más mayores, en los casos de vacante, ausencia o enfermedad, mediante el correspondiente Decreto de sustitución.
c) Por el orden de edad, de más mayores a más jóvenes, en los casos de vacante, ausencia o enfermedad, mediante el correspondiente Decreto de sustitución.

12. Está integrado por la totalidad de los concejales y presidido por el Alcalde, y es el órgano de máxima representación política de la ciudad de Valladolid:

a) El Pleno.
b) La Junta de Gobierno.
c) El Alcalde.

13. Adopta las decisiones estratégicas, controla y fiscaliza a los órganos de gobierno y aprueba y modifica las ordenanzas y reglamentos municipales:

a) El Pleno.
b) La Junta de Gobierno.
c) El Alcalde.

14. Las sesiones del Ayuntamiento Pleno serán:

a) Siempre públicas.
b) Siempre privadas.
c) Algunas veces públicas.

15. Indica la respuesta incorrecta. Los ciudadanos:

a) Podrán asistir a la celebración de los Plenos hasta completar el aforo.
b) No podrán intervenir, ni se permitirán manifestaciones u otras acciones que puedan dificultar o impedir el normal desarrollo de la sesión.
c) No podrán intervenir en el turno de consultas final.

16. Los vecinos podrán también remitir preguntas con carácter previo al Pleno, hasta:

a) 12 horas antes de la realización del mismo.
b) 24 horas antes de la realización del mismo.
c) 48 horas antes de la realización del mismo.

17. Las sesiones plenarias generalmente han de convocarse, al menos:

a) Con un día de antelación.
b) Con tres días hábiles de antelación.
c) Con una semana de antelación.

18. Para la constitución válida del Pleno se requiere como mínimo la asistencia de:

a) Un tercio del número legal de miembros de la Corporación.
b) La mitad del número legal de miembros de la Corporación.
c) Dos tercios del número legal de miembros de la Corporación.

19. ¿Cuál de las siguientes votaciones no es aceptada en el Pleno?

a) Sí.
b) No.
c) No estoy de acuerdo.

20. ¿Cuál de los siguientes documentos integra el acta de cada sesión?

a) Resumen de Acuerdos.
b) Vídeo-Acta de la sesión.
c) Todas las respuestas anteriores son correctas.

21. Es el órgano que intervendrá colegiadamente en las funciones de dirección en la política municipal con el Alcalde:

a) El Teniente de Alcalde.
b) Los Concejales.
c) La Junta de Gobierno.

22. Se integra por el Alcalde y un número de Concejales no superior al tercio del número legal de los mismos:

a) El Pleno.
b) La Concejalía.
c) La Junta de Gobierno.

23. Los concejales tienen:

a) El derecho y el deber de asistir con voz y voto a las sesiones del Ayuntamiento Pleno.
b) El derecho y el deber de asistir con voz, pero no con voto, a las sesiones del Ayuntamiento Pleno.
c) El derecho y el deber de asistir con voto, pero no con voz, a las sesiones del Ayuntamiento Pleno.

24. Tendrán derecho a las sesiones de los órganos del Ayuntamiento los concejales que no sean miembros de los mismos. Eso sí:

a) Con voz y voto.
b) Con voz, pero no con voto.
c) Con voto, pero no con voz.

25. El concejal perderá su condición como tal:

a) Por decisión judicial firme que anule la elección o proclamación.
b) Por renuncia, que deberá hacerse efectiva por escrito ante el Pleno.
c) Todas las respuestas anteriores son correctas.

26. ¿Qué restricción tienen las concejalas o concejales del Ayuntamiento de Valladolid que asisten a distancia al Pleno por permiso de maternidad o paternidad?

a) No pueden participar en votaciones.
b) Se excluyen de la elección de Alcalde, moción de censura y cuestión de confianza.
c) Solo tienen voz, pero no voto.

27. ¿A qué puesto de funcionario se asimila la retribución de un Concejal Delegado General con dedicación exclusiva en el Ayuntamiento de Valladolid?

a) Vicesecretario.
b) Secretario General del Pleno.
c) Jefe de Servicio.

28. ¿Cuál de las siguientes es una causa de pérdida de la condición de concejal en el Ayuntamiento de Valladolid?

a) La baja médica prolongada.
b) La reprobación por el Pleno.
c) La incompatibilidad.

29. ¿Qué límite de tiempo de intervención tienen los concejales no adscritos en los Plenos en el Ayuntamiento de Valladolid?

a) El mismo que el Grupo Municipal mayoritario.
b) No superará el 50 % del que corresponda a cada Grupo Municipal.
c) Cinco minutos por intervención.

30. ¿Quiénes son responsables de los acuerdos del Ayuntamiento de Valladolid según el régimen de responsabilidad civil?

a) Todos los miembros de la Corporación.
b) Únicamente el Alcalde y la Junta de Gobierno.
c) Los miembros que los hubieran votado favorablemente.

En MADTEST tienes **más preguntas de este tema**, y todos tus avances quedan registrados y se reflejan en el ranking.

¡Supera tus límites con MADTEST!

Solución al test n.º 3

1. a) El Alcalde.

2. b) Se les hará entrega de una papeleta por cada una de las candidaturas y una más en blanco y de un sobre.

3. a) Solo puede emitirse voto a favor de alguno de los candidatos a la Alcaldía salvo que, finalizada la lectura de estas reglas, alguno de ellos manifieste su renuncia.

4. b) Se considera nula.

5. c) Se considera voto en blanco.

6. b) El concejal más antiguo en el período del mandato corporativo.

7. a) El Alcalde.

8. a) El Alcalde.

9. a) El Alcalde.

10. a) Bandos.

11. a) Por el orden de su nombramiento, en los casos de vacante, ausencia o enfermedad, mediante el correspondiente Decreto de sustitución.

12. a) El Pleno.

13. a) El Pleno.

14. a) Siempre públicas.

15. c) No podrán intervenir en el turno de consultas final.

16. c) 48 horas antes de la realización del mismo.

17. b) Con tres días hábiles de antelación.

18. a) Un tercio del número legal de miembros de la Corporación.

19. c) No estoy de acuerdo.

20. c) Todas las respuestas anteriores son correctas.

21. c) La Junta de Gobierno.

22. c) La Junta de Gobierno.

23. a) El derecho y el deber de asistir con voz y voto a las sesiones del Ayuntamiento Pleno.

24. b) Con voz, pero no con voto.

25. c) Todas las respuestas anteriores son correctas.

26. b) Se excluyen de la elección de Alcalde, moción de censura y cuestión de confianza.

27. a) Vicesecretario.

28. c) La incompatibilidad.

29. b) No superará el 50 % del que corresponda a cada Grupo Municipal.

30. c) Los miembros que los hubieran votado favorablemente.

TEST N.º 4

El personal del Ayuntamiento de Valladolid: Características y principales funciones. El Convenio Colectivo para el Personal Laboral del Ayuntamiento de Valladolid y de las Fundaciones Municipales

1. El personal al servicio de las entidades locales se integra por:

a) Funcionarios de carrera.
b) Personal contratado laboral.
c) Todas las respuestas anteriores son correctas.

2. Las Corporaciones locales constituirán:

a) Registros de personal.
b) Solo registro de funcionarios locales.
c) Solo registro de funcionarios con habilitación nacional.

3. Dispone la ley que, con carácter general, los puestos de trabajo en la Administración local y sus Organismos Autónomos serán desempeñados por:

a) Personal funcionario.
b) Personal laboral.
c) Personal eventual.

4. El ejercicio de las funciones que impliquen la participación directa o indirecta en el ejercicio de las potestades públicas o en la salvaguardia de los intereses generales corresponde:

a) En ocasiones a los funcionarios y en ocasiones al personal laboral.
b) Exclusivamente a los funcionarios de carrera al servicio de la Administración local.
c) Al personal eventual.

5. Son funciones públicas necesarias en todas las Corporaciones locales, cuya responsabilidad administrativa está reservada a funcionarios de administración local con habilitación de carácter nacional:

a) La de Secretaría, comprensiva de la fe pública y el asesoramiento legal preceptivo.

b) El control y la fiscalización interna de la gestión económico-financiera y presupuestaria, y la contabilidad, tesorería y recaudación.

c) Son correctas las respuestas a) y b).

6. En relación con el personal eventual, indica la respuesta incorrecta:

a) Los Municipios de población entre 2.000 a 5.000 habitantes podrán excepcionalmente contar con un puesto de trabajo cuya cobertura corresponda a personal eventual cuando no haya miembros de la corporación local con dedicación exclusiva.

b) Los Ayuntamientos de Municipios con población superior a 5.000 y no superior a 10.000 habitantes podrán incluir en sus plantillas puestos de trabajo de personal eventual por un número que no podrá exceder de tres.

c) Los Ayuntamientos de Municipios con población superior a 10.000 y no superior a 20.000 habitantes podrán incluir en sus plantillas puestos de trabajo de personal eventual por un número que no podrá exceder de dos.

7. Las Corporaciones locales publicaran en su sede electrónica y en el Boletín Oficial de la Provincia o, en su caso, de la Comunidad Autónoma uniprovincial el número de los puestos de trabajo reservados a personal eventual:

a) Diariamente.

b) Semanalmente.

c) Quincenalmente.

8. El Presidente de la Entidad Local informará al Pleno del cumplimiento de lo dispuesto en relación con el personal eventual con carácter:

a) Mensual.

b) Trimestral.

c) Semestral.

9. El Convenio colectivo de personal laboral vigente será de aplicación:

a) Al personal laboral del Ayuntamiento de Valladolid.

b) Al personal laboral de las Fundaciones Municipales de Deportes, Cultura y SEMINCI.

c) Son correctas las respuestas a) y b).

10. El presente Convenio colectivo de personal laboral se aplicará:

a) Al personal fijo.
b) Al personal fijo-discontinuo.
c) Todas las respuestas anteriores son correctas.

11. Están incluidos en la aplicación del Convenio colectivo laboral del Ayuntamiento de Valladolid:

a) El personal profesional cuya relación de servicios con el Ayuntamiento de Valladolid y las Fundaciones Municipales se derive de un contrato administrativo para la realización de trabajos concretos o específicos.
b) El personal que disfrute de cualesquiera becas concedidas por el Ayuntamiento de Valladolid.
c) Todas las respuestas anteriores son incorrectas.

12. El Ayuntamiento y las Fundaciones Municipales dispondrán de un Registro General de Personal, en el que constará:

a) La identificación de la persona.
b) La adscripción al puesto de trabajo.
c) Todas las respuestas anteriores son correctas.

13. El personal laboral fijo, que se encuentre en servicio activo o en excedencia por cuidado de familiares o por razón de violencia de género, podrá optar a los puestos de trabajo vacantes dentro del Ayuntamiento y de las Fundaciones Municipales:

a) De superior grupo.
b) Dentro del mismo grupo, de distinto nivel, en el caso de puestos cualificados o que constituyan un oficio donde se requiera una cualificación específica concreta, siempre que cumpla los requisitos exigidos en la convocatoria.
c) Son correctas las respuestas a) y b).

14. Las horas mínimas de trabajo estable diario del personal laboral municipal es de:

a) 6 horas diarias.
b) 6,5 horas diarias.
c) 7 horas diarias.

15. Se considera horario nocturno, el comprendido entre:

a) Las 20 horas y las 8 horas.
b) Las 22h y las 8 horas.
c) Las 22 horas y las 6 horas.

16. Durante la Semana de Ferias se establece una reducción de la jornada laboral con derecho a retribución, para el personal incluido en el ámbito de aplicación del presente Convenio de:

a) 30 minutos diarios.
b) 1 hora diaria.
c) 2 horas diarias.

17. El personal laboral municipal tendrá derecho a un descanso mínimo semanal retribuido de:

a) Un día.
b) Un día y medio ininterrumpido.
c) Dos días.

18. A lo largo del año, el personal afectado por el presente Convenio tendrá derecho a disfrutar de:

a) Tres días de asuntos propios.
b) Cuatro días de asuntos propios.
c) Seis días de asuntos propios.

19. El personal municipal que cumpla 25 años de antigüedad en la Administración Pública podrá disfrutar de:

a) Tres días adicionales de permiso.
b) Cuatro días adicionales de permiso.
c) Cinco días adicionales de permiso.

20. Además de los días de libre disposición los empleados públicos tendrán derecho al disfrute de dos días adicionales al cumplir el:

a) Primer trienio.
b) Segundo trienio.
c) Sexto trienio.

21. El período de vacaciones anuales retribuidas será de:

a) Un mes natural o de treinta y un días naturales.
b) Un mes hábil.
c) 22 días naturales.

22. Excepcionalmente los trabajadores con treinta o más años de servicio podrán disfrutar de:

a) Un día hábil adicional de vacaciones.
b) Dos días hábiles adicionales de vacaciones.
c) Tres días hábiles adicionales de vacaciones.

23. No es un permiso de carácter retribuido:

a) La asistencia a los Juzgados con previa citación.
b) La asistencia a los Plenos.
c) Permiso por asuntos propios de dos meses.

24. El complemento de nocturnidad retribuye:

a) El trabajo realizado entre las 21:00 y las 7:00.
b) Los servicios prestados entre las 22:00 y las 6:00.
c) El trabajo prestado exclusivamente después de las 00:00.

25. Este complemento retribuye el especial rendimiento en el desempeño de los puestos de trabajo o la consecución de ciertos objetivos o resultados:

a) Complemento de nocturnidad.
b) Complemento de asimilación.
c) Complemento de productividad.

26. ¿Cuántos días de permiso se otorgan para la preparación de pruebas selectivas del Ayuntamiento de Valladolid?

a) El día del examen exclusivamente.
b) Hasta tres días hábiles por cada proceso selectivo.
c) Cinco días naturales antes del examen.

27. ¿Cuál es la duración del permiso por nacimiento para la madre biológica en el Ayuntamiento de Valladolid?

a) 12 semanas.
b) 16 semanas.
c) 18 semanas.

28. ¿En qué consiste el permiso de lactancia si se opta por la ausencia del trabajo?

a) Media hora de ausencia.
b) Una hora de ausencia que podrá dividir en dos fracciones.
c) Dos horas de ausencia diarias.

29. ¿Cuándo se devengan las pagas extraordinarias en el Ayuntamiento de Valladolid?

a) El 30 de junio y el 31 de diciembre.
b) El primer día hábil de los meses de junio y diciembre.
c) En las nóminas de julio y diciembre.

30. ¿Cuándo se devenga el complemento de antigüedad en el Ayuntamiento de Valladolid?

a) El día exacto en que se cumple el trienio.

b) Al año de cumplir el trienio.

c) A partir del día primero del mes en que se cumplan tres o múltiplos de tres años.

En MADTEST tienes **más preguntas de este tema**, y todos tus avances quedan registrados y se reflejan en el ranking.

¡Supera tus límites con MADTEST!

Solución al test n.º 4

1. c) Todas las respuestas anteriores son correctas.

2. a) Registros de personal.

3. a) Personal funcionario.

4. b) Exclusivamente a los funcionarios de carrera al servicio de la Administración local.

5. c) Son correctas las respuestas a) y b).

6. b) Los Ayuntamientos de Municipios con población superior a 5.000 y no superior a 10.000 habitantes podrán incluir en sus plantillas puestos de trabajo de personal eventual por un número que no podrá exceder de tres.

7. b) Semanalmente.

8. b) Trimestral.

9. c) Son correctas las respuestas a) y b).

10. c) Todas las respuestas anteriores son correctas.

11. c) Todas las respuestas anteriores son incorrectas.

12. c) Todas las respuestas anteriores son correctas.

13. c) Son correctas las respuestas a) y b).

14. a) 6 horas diarias.

15. c) Las 22 horas y las 6 horas.

16. c) 2 horas diarias.

17. b) Un día y medio ininterrumpido.

18. c) Seis días de asuntos propios.

19. c) Cinco días adicionales de permiso.

20. c) Sexto trienio.

21. a) Un mes natural o de treinta y un días naturales.

22. a) Un día hábil adicional de vacaciones.

23. c) Permiso por asuntos propios de dos meses.

24. b) Los servicios prestados entre las 22:00 y las 6:00.

25. c) Complemento de productividad.

26. b) Hasta tres días hábiles por cada proceso selectivo.

27. b) 16 semanas.

28. b) Una hora de ausencia que podrá dividir en dos fracciones.

29. b) El primer día hábil de los meses de junio y diciembre.

30. c) A partir del día primero del mes en que se cumplan tres o múltiplos de tres años.

TEST N.º 5

VI Plan Municipal Integral de Igualdad contra la violencia de género del Ayuntamiento de Valladolid: Principios rectores. Ley 4/2023, del 28 de febrero, por la igualdad real y efectiva de las personas trans y para la garantía de los derechos de las personas LGTBI (Disposiciones generales)

1. El anterior Plan Municipal contra la Violencia de Género aplicable del Ayuntamiento de Valladolid era:

a) El I.
b) El II.
c) El III.

2. Para establecer las funciones y actuaciones relativas a la violencia de género del Plan Municipal Integral del Ayuntamiento de Valladolid se ha tenido en cuenta la situación de violencia de género:

a) En Valladolid.
b) En Castilla y León.
c) Todas las respuestas anteriores son correctas.

3. Según el VI Plan Municipal de Igualdad y contra la violencia de Género del Ayuntamiento de Valladolid, profundizar en el conocimiento del proceso de la violencia de género y sus circunstancias:

a) No es un objetivo.
b) Es un objetivo operativo.
c) Es un objetivo específico.

4. Según el VI Plan Municipal de Igualdad y contra la violencia de Género del Ayuntamiento de Valladolid, avanzar en la integración de la igualdad real y efectiva entre mujeres y hombres en la vida cotidiana:

a) No es un objetivo.
b) Es un objetivo general.
c) Es un objetivo específico.

5. Según el VI Plan Municipal de Igualdad y contra la violencia de Género del Ayuntamiento de Valladolid, la visibilización de las aportaciones de las mujeres y los hombres en todas las áreas del conocimiento donde estén infrarrepresentados:

a) Es un objetivo principal.
b) Es un objetivo general.
c) Es una acción.

6. Conocer el Plan Municipal de Igualdad y contra la violencia de Género del Ayuntamiento de Valladolid, como instrumento vertebrador de las políticas de igualdad y contra la violencia de género es un objetivo de:

a) El Área 1.
b) El Área 2.
c) El Área Transversal.

7. Según el VI Plan Municipal de Igualdad y contra la violencia de Género del Ayuntamiento de Valladolid, la prevención de la Violencia de Género corresponde a:

a) El Área 1.
b) El Área 2.
c) El Área Transversal.

8. Según el VI Plan Municipal de Igualdad y contra la violencia de Género del Ayuntamiento de Valladolid, conseguir que las víctimas de la violencia de género desarrollen un nuevo proyecto de vida libre del maltrato es:

a) Es un objetivo principal.
b) Es un objetivo general.
c) Es un objetivo específico.

9. Según el VI Plan Municipal de Igualdad y contra la violencia de Género del Ayuntamiento de Valladolid, la detección, investigación seguimiento y evaluación de posibles casos de posibles casos de violencia de género desde los servicios sociales de base:

a) Es un objetivo principal.
b) Es un objetivo general.
c) Es una acción.

10. Según el VI Plan Municipal de Igualdad y contra la violencia de Género del Ayuntamiento de Valladolid, mejorar la atención y el apoyo a las víctimas de violencia de género:

a) Es un objetivo principal.
b) Es un objetivo general.
c) Es un objetivo específico.

11. Según el VI Plan Municipal de Igualdad y contra la violencia de Género del Ayuntamiento de Valladolid, el estudio sobre la incidencia y consecuencias de la violencia de género en menores y medidas para su recuperación:

a) Es un objetivo principal.
b) Es un objetivo general.
c) Es una acción.

12. Según el artículo 3 de la Ley 4/2023, de 28 de febrero, para la igualdad real y efectiva de las personas trans y para la garantía de los derechos de las personas LGTBI, se entenderá como "discriminación directa":

a) La situación en que se encuentra una persona o grupo en que se integra que sea, haya sido o pudiera ser tratada de manera menos favorable que otras en situación análoga o comparable por razón de orientación sexual e identidad sexual, expresión de género o características sexuales.
b) Cuando una disposición, criterio o práctica aparentemente neutros ocasiona o puede ocasionar a una o varias personas una desventaja particular con respecto a otras por razón de orientación sexual, e identidad sexual, expresión de género o características sexuales.
c) Cualquier conducta realizada por razón de alguna de las causas de discriminación previstas en esta ley, con el objetivo o la consecuencia de atentar contra la dignidad de una persona o grupo en que se integra y de crear un entorno intimidatorio, hostil, degradante, humillante u ofensivo.

13. A la vivencia interna e individual del sexo tal y como cada persona la siente y autodefine, pudiendo o no corresponder con el sexo asignado al nacer; se le denomina en la Ley 4/2023:

a) Orientación sexual.
b) Identidad sexual.
c) Expresión de género.

14. ¿Qué órgano aprueba la Estrategia estatal para la igualdad de trato y no discriminación de las personas LGTBI?

a) El Congreso de los Diputados
b) El Consejo de Ministros.
c) El Consejo de Participación de las Personas LGTBI.

15. Según el artículo 43 de la Ley 4/2023, podrá solicitar por sí misma ante el Registro Civil, la rectificación de la mención registral relativa al sexo, sin necesidad de asistencia en el procedimiento por sus representantes legales, toda persona de nacionalidad española mayor de:

a) 18 años.
b) 16 años.
c) 14 años.

16. ¿Qué se entiende por discriminación directa según la Ley 4/2023?

a) Situación en que se encuentra una persona o grupo en que se integra que sea, haya sido o pudiera ser tratada de manera menos favorable que otras en situación análoga o comparable.

b) Cuando una disposición aparentemente neutra ocasiona una desventaja particular.

c) Cualquier conducta realizada con el objetivo de atentar contra la dignidad.

17. ¿A quién será de aplicación la Ley 4/2023 según su ámbito de aplicación?

a) A toda persona física o jurídica, de carácter público o privado, que resida, se encuentre o actúe en territorio español.

b) Exclusivamente a las personas de nacionalidad española.

c) Solo a las administraciones públicas y sus organismos.

18. ¿Cuándo existe discriminación por asociación según la Ley 4/2023?

a) Cuando una persona es discriminada por pertenecer a una asociación LGTBI.

b) Cuando una persona o grupo en que se integra, debido a su relación con otra sobre la que concurra alguna de las causas de discriminación, es objeto de un trato discriminatorio.

c) Cuando se discrimina a un grupo de personas asociadas legalmente.

19. ¿Cómo define la Ley 4/2023 la expresión de género?

a) La vivencia interna e individual del sexo tal y como cada persona la siente.

b) Manifestación que cada persona hace de su identidad sexual.

c) La atracción física, sexual o afectiva hacia una persona.

20. ¿Qué se considera discriminación directa en relación con las personas con discapacidad según la Ley 4/2023?

a) La falta de accesibilidad universal en edificios antiguos.

b) La denegación de ajustes razonables a las personas con discapacidad.

c) El trato diferenciado positivo para compensar desventajas.

21. ¿Cuándo se produce discriminación múltiple según la Ley 4/2023?

a) Cuando una persona es discriminada, de manera simultánea o consecutiva, por dos o más causas de las previstas en esta ley.

b) Cuando concurren diversas causas generando una forma específica de discriminación diferente.

c) Cuando se discrimina a muchas personas a la vez.

22. ¿Qué definición corresponde a LGTBIfobia?

a) El miedo a relacionarse con personas desconocidas.

b) Toda actitud, conducta o discurso de rechazo, repudio, prejuicio, discriminación o intolerancia hacia las personas LGTBI por el hecho de serlo, o ser percibidas como tales.

c) La falta de conocimiento sobre la diversidad sexual.

23. ¿Qué son las medidas de acción positiva según la Ley 4/2023?

a) Sanciones impuestas a quienes discriminen.

b) Diferencias de trato orientadas a prevenir, eliminar y, en su caso, compensar cualquier forma de discriminación o desventaja en su dimensión colectiva o social.

c) Privilegios permanentes otorgados a ciertos grupos sociales.

24. ¿Qué se entiende por familia LGTBI?

a) Aquella formada exclusivamente por dos personas del mismo sexo.

b) Aquella en la que uno o más de sus integrantes son personas LGTBI.

c) Las familias que tienen hijos o hijas trans.

25. ¿Qué requisito debe cumplir la inducción a discriminar para ser considerada discriminatoria?

a) Debe ser realizada por un funcionario público.

b) La inducción ha de ser concreta, directa y eficaz para hacer surgir en otra persona una actuación discriminatoria.

c) Debe realizarse por escrito y de forma pública.

26. ¿Qué objetivo específico tiene la Acción 2.2 del Área 1 Línea 2 del VI Plan municipal Integral de igualdad y contra la violencia del género del Ayuntamiento de Valladolid?

a) Promover la visibilización de las mujeres en la historia en el marco de la educación y la cultura.

b) Fomentar la lectura en las bibliotecas.

c) Organizar eventos deportivos femeninos.

27. ¿Qué implica la Acción T.1.4 del Área Transversal respecto a los datos municipales en el VI Plan municipal Integral de igualdad y contra la violencia del género del Ayuntamiento de Valladolid?

a) La eliminación de los datos personales sensibles.

b) Introducción de la variable sexo en todos los procedimientos de recogida de información, en las bases de datos y en las estadísticas municipales.

c) La creación de bases de datos separadas por género.

28. ¿Qué objetivo específico persigue la Línea 2 del Área 2 "Asistencia a las Víctimas" del VI Plan municipal Integral de igualdad y contra la violencia del género del Ayuntamiento de Valladolid?

a) Profundizar en el conocimiento del proceso de la violencia de género y sus circunstancias.

b) Prevenir la violencia en el ámbito escolar.

c) Aumentar las penas para los agresores.

29. ¿Qué es la identidad sexual según la definición de la Ley 4/2023, de 28 de febrero?

a) El sexo asignado al nacer por el personal médico.

b) Vivencia interna e individual del sexo tal y como cada persona la siente y autodefine, pudiendo o no corresponder con el sexo asignado al nacer.

c) La forma en que una persona se viste y se comporta socialmente.

30. ¿Cómo se define a una persona trans en la Ley 4/2023?

a) Persona que se ha sometido a cirugía de reasignación de sexo.

b) Persona cuya identidad sexual no se corresponde con el sexo asignado al nacer.

c) Persona que se viste con ropa asociada al otro sexo.

En MADTEST tienes **más preguntas de este tema,** y todos tus avances quedan registrados y se reflejan en el ranking.

¡Supera tus límites con MADTEST!

Solución al test n.º 5

1. b) El II.

2. c) Todas las respuestas anteriores son correctas.

3. c) Es un objetivo específico.

4. b) Es un objetivo general.

5. c) Es una acción.

6. c) El Área Transversal.

7. c) El Área Transversal.

8. b) Es un objetivo general.

9. c) Es una acción.

10. b) Es un objetivo general.

11. c) Es una acción.

12. a) La situación en que se encuentra una persona o grupo en que se integra que sea, haya sido o pudiera ser tratada de manera menos favorable que otras en situación análoga o comparable por razón de orientación sexual e identidad sexual, expresión de género o características sexuales.

13. b) Identidad sexual.

14. b) El Consejo de Ministros.

15. b) 16 años.

16. a) Situación en que se encuentra una persona o grupo en que se integra que sea, haya sido o pudiera ser tratada de manera menos favorable que otras en situación análoga o comparable.

17. a) A toda persona física o jurídica, de carácter público o privado, que resida, se encuentre o actúe en territorio español.

18. b) Cuando una persona o grupo en que se integra, debido a su relación con otra sobre la que concurra alguna de las causas de discriminación, es objeto de un trato discriminatorio.

19. b) Manifestación que cada persona hace de su identidad sexual.

20. b) La denegación de ajustes razonables a las personas con discapacidad.

21. a) Cuando una persona es discriminada, de manera simultánea o consecutiva, por dos o más causas de las previstas en esta ley.

22. b) Toda actitud, conducta o discurso de rechazo, repudio, prejuicio, discriminación o intolerancia hacia las personas LGTBI por el hecho de serlo, o ser percibidas como tales.

23. b) Diferencias de trato orientadas a prevenir, eliminar y, en su caso, compensar cualquier forma de discriminación o desventaja en su dimensión colectiva o social.

24. b) Aquella en la que uno o más de sus integrantes son personas LGTBI.

25. b) La inducción ha de ser concreta, directa y eficaz para hacer surgir en otra persona una actuación discriminatoria.

26. a) Promover la visibilización de las mujeres en la historia en el marco de la educación y la cultura.

27. b) Introducción de la variable sexo en todos los procedimientos de recogida de información, en las bases de datos y en las estadísticas municipales.

28. a) Profundizar en el conocimiento del proceso de la violencia de género y sus circunstancias.

29. b) Vivencia interna e individual del sexo tal y como cada persona la siente y auto-define, pudiendo o no corresponder con el sexo asignado al nacer.

30. b) Persona cuya identidad sexual no se corresponde con el sexo asignado al nacer.

TEST N.º 6

Maquinaria, utensilios y herramientas utilizados para la limpieza de vías públicas. Equipos maquinaria y herramientas utilizados para las reparaciones de los firmes y pavimentos de las vías públicas de Valladolid

1. ¿Qué tipo de barrido es más adecuado para pavimentos irregulares con muchos obstáculos?

a) Barrido mecánico
b) Baldeo
c) Barrido manual

2. ¿Cuál es la principal herramienta de trabajo del operario que tiene a su cargo el barrido manual de un determinad sector de la ciudad?

a) Pala
b) Escoba
c) Recogedor

3. ¿Cuál no es una característica de las mangueras en el baldeo manual?

a) Ligeras
b) Felxibles y manejables
c) Cabezal de salida sin llave de cierre

4. Se emplea para compactar mezclas bituminosas. Debe su nombre a que circula a unos 35 km/h sobre la capa de mezcla recién extendida. Posee dos rodillos lisos y cierto poder de vibración:

a) Compactador vibratorio de baja velocidad
b) Compactador de neumático
c) Compactador de alta velocidad

5. ¿Qué sistema de limpieza utiliza agua a presión para retirar la suciedad de las vías?

a) Barrido mecánico
b) Baldeo
c) Succionado

6. ¿Para qué se utiliza principalmente el fregado en las áreas de limpieza viaria?

a) Para barrer residuos grandes
b) Para el riego de plantas
c) Para eliminar suciedad incrustada y manchas

7. Para pequeños rellenos donde no cabe si quiera un pequeño compactador, existe la posibilidad de emplear:

a) Cepillo de mano
b) Pala
c) Pisones

8. ¿Cuál es un método especial, auxiliar o extraordinario de limpieza para áreas difíciles?

a) Limpieza con productos químicos en puntos críticos
b) Baldeo
c) Aspiración de residuos

9. ¿Qué técnica es especialmente efectiva en la eliminación de chicles en las aceras?

a) Barrido con cepillos rotativos
b) Uso de espátulas para raspar
c) Baldeo con agua caliente

10. Señala la respuesta incorrecta. Los sistemas de limpieza viaria se clasifican en dos grandes bloques:

a) Barrido
b) Baldeo
c) Succionado

11. ¿Qué se utiliza comúnmente para el acabado de superficies pavimentadas?

a) Rodillo compactor
b) Espátula de albañil
c) Pala

12. ¿Qué método de limpieza viaria es menos común debido a su costo?

a) Baldeo
b) Barrido manual
c) Uso de barredoras mecánicas

13. ¿Qué tipo de maquinaria se utiliza principalmente en la reparación de pavimentos?

a) Barredoras
b) Compactadoras
c) Aspiradoras de hojas

14. ¿Qué máquina es indispensable para remover el pavimento dañado antes de una reparación?

a) Barredora
b) Martillo neumático
c) Compactadora

15. ¿Cuál es el propósito principal de usar una compactadora en la reparación de pavimentos?

a) Asegurar que las distintas capas construidas se compacten adecuadamente
b) Medir la profundidad del material aplicado
c) Aplicar el material asfáltico

16. La principal herramienta del operario encargado del barrido manual de un sector es:

a) La manguera.
b) La escoba.
c) La espátula.

17. Las dos partes fundamentales de la escoba son:

a) Mango y mazo.
b) Palo y pala.
c) Cabeza y tronco.

18. La mayoría de los cepillos modernos contienen manojos de fibra de:

a) Retama.
b) Aluminio.
c) Polipropileno.

19. El mazo de fibra sintética de las escobas actuales tienen una vida media de:

a) 3 o 4 jornadas de trabajo.
b) Entre 10 y 20 jornadas de trabajo.
c) Entre 30 y 45 jornadas de trabajo.

20. Para arrastrar y amontonar los residuos que se encuentran en aceras, bordillos y calzadas se utiliza:

a) La aspiradora de mochila.
b) El escobijo.
c) La escoba.

21. Dentro de los utensilios del operario que tiene a su cargo el barrido manual de un determinado sector, no está:

a) La azada.
b) El escobijo.
c) La manguera.

22. Las fibras del cepillo de barrendero tienen, por lo general, una longitud de:

a) 10 cm.
b) 20 cm.
c) 40 cm.

23. La herramienta utilizada como alternativa a la escoba, para el arrastre de residuos en el pavimento, con mayor capacidad aún de arrastre, es:

a) La pala.
b) El escobillo.
c) El cepillo.

24. En el barrido manual, una vez amontonados los residuos, se retiran y depositan en los contenedores del carrito, con:

a) El escobillo y el recogedor.
b) La espátula y la pala.
c) Las tablillas y la sopladora.

25. La pala más adecuada para recoger residuos de alta densidad, como la arena y la sal, es:

a) La pala grande de carbonero.
b) La pala cuadrada pequeña.
c) La pala redonda.

26. La mayoría de los recogedores, en la actualidad, son del siguiente material:

a) Acero.
b) Madera.
c) Plástico flexible.

27. Las tablillas son un utensilio utilizado en algunos lugares, para el barrido manual, para:

a) Desincrustar chicles de las aceras.
b) Arrastrar, amontonar y recoger residuos en pequeños espacios.
c) Cepillar amplias áreas de acerado.

28. Un cepillo pequeño que se utiliza para empujar hacia la pala o el recogedor los residuos amontonados previamente, es:

a) El cepillo de púas.
b) El rastrillo.
c) El escobijo o escobillo.

29. ¿Cuál de los siguientes aspectos NO se considera un inconveniente del uso de la pala para la recogida de montones de residuos?

a) Su escasa capacidad de carga.
b) La necesidad de cubrirla al elevarla para descargar los residuos en el carrito sin que se derramen.
c) La obligación de agacharse excesivamente durante su utilización.

30. ¿Cuál de las siguientes opciones NO corresponde a una característica propia del carrito utilizado por el operario en el barrido manual?

a) Ser ligero, maniobrable y cómodo de utilizar.
b) Disponer de compartimentos para los útiles de limpieza y para uno o dos cubos de plástico.
c) Tener un gran tamaño con el fin de evitar desplazamientos a los puntos de vertido.

En MADTEST tienes **más preguntas de este tema**, y todos tus avances quedan registrados y se reflejan en el ranking.

¡Supera tus límites con MADTEST!

Solución al test n.º 6

1. c) Barrido manual.

2. b) Escoba.

3. c) Cabezal de salida sin llave de cierre.

4. c) Compactador de alta velocidad.

5. b) Baldeo.

6. c) Para eliminar suciedad incrustada y manchas.

7. c) Pisones.

8. a) Limpieza con productos químicos en puntos críticos.

9. b) Uso de espátulas para raspar.

10. c) Succionado.

11. a) Rodillo compactor.

12. a) Baldeo.

13. b) Compactadoras.

14. b) Martillo neumático.

15. a) Asegurar que las distintas capas construidas se compacten adecuadamente.

16. b) La escoba.

17. a) Mango y mazo.

18. c) Polipropileno.

19. c) Entre 30 y 45 jornadas de trabajo.

20. c) La escoba.

21. c) La manguera.

22. a) 10 cm.

23. c) El cepillo.

24. a) El escobillo y el recogedor.

25. b) La pala cuadrada pequeña.

26. c) Plástico flexible.

27. b) Arrastrar, amontonar y recoger residuos en pequeños espacios.

28. c) El escobijo o escobillo.

29. a) Su escasa capacidad de carga.

30. c) Tener un gran tamaño con el fin de evitar desplazamientos a los puntos de vertido.

TEST N.º 7

Diferentes materiales existentes y que se emplean para las reparaciones de los firmes y pavimentos de las vías públicas de Valladolid

1. ¿Qué característica debe tener el pavimento del itinerario peatonal accesible según la Orden TMA/851/2021?

a) Debe ser luminoso.
b) Debe ser colorido.
c) Debe ser acorde a las exigencias de resbaladicidad para los suelos establecida en el Documento básico SUA.

2. ¿Cuál es la altura máxima permitida para los resaltes en los itinerarios peatonales accesibles?

a) 2 mm.
b) 4 mm.
c) 6 mm.

3. ¿Qué se utiliza como capa de base en la construcción de carreteras que incluye cemento en su composición?

a) Cemento decorativo.
b) Gravacemento.
c) Cemento coloreado.

4. ¿Cuál es un componente esencial del hormigón?

a) Cemento Portland.
b) Madera.
c) Plástico.

5. ¿Cuál es una aplicación común de las mezclas bituminosas en la construcción de carreteras?

a) Capa decorativa.
b) Capa de rodadura.
c) Aislamiento térmico.

6. ¿Qué tipo de pavimento táctil se utiliza para indicar direcciones y guiar a las personas con discapacidad visual?

a) Pavimento táctil indicador de advertencia.
b) Pavimento táctil indicador direccional.
c) Pavimento táctil indicador decorativo.

7. ¿Qué elemento es necesario en itinerarios peatonales para personas con discapacidad visual?

a) Faroles a lo largo del camino.
b) Música ambiental.
c) Franjas de acabado táctil.

8. ¿Cuál es la función principal del hormigón en la construcción de carreteras?

a) Decoración.
b) Aislamiento.
c) Soporte estructural.

9. ¿Cuál es una aplicación de los conglomerantes hidráulicos en la construcción de carreteras?

a) Decoración de interiores.
b) Fabricación de mobiliario.
c) Capas de subbase.

10. ¿Qué diferencia a las mezclas bituminosas y el hormigón?

a) El hormigón es más flexible.
b) La mezcla bituminosa se agrita más.
c) Permite la ejecución de capas de diferentes espesores.

11. En rampas y escaleras vinculadas o complementarias a un itinerario peatonal accesible, previo a su inicio y en ambos extremos, se colocarán franjas de pavimento táctil indicador de tipo direccional, en sentido transversal al tránsito peatonal. En el extremo superior de la escalera la franja se ubicará respecto de la primera contrahuella a:

a) 10 cm.
b) 30 cm.
c) 50 cm.

12. ¿Cuál es el material básico en las capas inferiores de los pavimentos de carreteras?

a) Hormigón.
b) Áridos.
c) Yeso.

13. ¿Qué tipo de material se utiliza para estabilizar suelos en la construcción de carreteras?

a) Vidrio.
b) Plástico.
c) Cales.

14. ¿Qué tipo de conglomerante se obtiene a partir de la cocción de arcillas y calizas?

a) Cementos.
b) Yesos.
c) Cales.

15. ¿Qué son las dispersiones de pequeñas partículas de un ligante hidrocarbonado y eventualmente un polímero, en una solución de agua y un agente emulsionante?

a) Betún modificado con polímero.
b) Betún asfáltico.
c) Emulsión bituminosa.

16. ¿De dónde provienen principalmente los materiales bituminosos usados en carreteras?

a) De plantas.
b) De animales.
c) De la destilación fraccionada de crudos petrolíferos.

17. ¿Qué tipo de áridos se obtienen de depósitos granulares con superficies lisas y sin aristas?

a) Áridos de machaqueo.
b) Áridos naturales.
c) Áridos rodados.

18. ¿Cuál es una característica deseable en los áridos gruesos usados en carreteras?

a) Buena resistencia al pulido.
b) Baja resistencia a la fragmentación.
c) Alto contenido de arcilla.

19. ¿Qué tipo de aglomerante se utiliza comúnmente en la construcción de carreteras para capas asfálticas?

a) Aglomerante vegetal.
b) Aglomerante bituminoso.
c) Aglomerante de yeso.

20. ¿Cuál es una precaución importante al curar el hormigón?

a) Exposición prolongada al sol.
b) Mantenimiento de la humedad adecuada.
c) Aplicación de tintes.

21. La anchura mínima libre de paso del plano principal del vado peatonal, desde el que se accede a la calzada, será de:

a) 90 cm.
b) 1,80 m.
c) 3,00 m.

22. Cuando el trazado de pasos de peatones no sea perpendicular a las aceras y la distancia a recorrer sea superior a 8,00 m, se señalizarán mediante franjas-guía de pavimento táctil indicador de entre:

a) 20 y 40 cm de ancho.
b) 50 y 75 cm de ancho.
c) 75 y 100 cm de ancho.

23. Ordenados de mejor a peor, los distintos tipos de suelos que se emplean en la construcción de carreteras son:

a) Marginales, inadecuados, tolerables, adecuados y seleccionados.
b) Seleccionados, adecuados, tolerables, marginales e inadecuados.
c) Compactados, seleccionados, tolerables y marginales.

24. ¿Qué es el árido grueso?

a) La parte del árido total retenida en el tamiz 4 mm.
b) La parte del árido total retenida en el tamiz 2 mm.
c) La parte del árido total retenida en el tamiz 7 mm.

25. ¿Qué ensayo mide la resistencia del árido grueso a ser roto o fragmentado?

a) Ensayo de desgaste Los Ángeles.
b) Análisis granulométrico.
c) Índice de lajas y agujas.

26. ¿Qué nombre recibe un árido alargado?

a) Laja.
b) Aguja.
c) Calizo.

27. En construcción de carreteras la cal se utiliza para:

a) Encalar superficies de hormigón.
b) Estabilizar suelos.
c) Mezclarla con cemento para obtener hormigón más resistente.

28. ¿De qué materia prima procede el betún?

a) Del petróleo.
b) Del alquitrán.
c) De la hulla.

29. La razón por la cual las mezclas bituminosas se emplean como pavimento de carreteras es:

a) Su flexibilidad.
b) La posibilidad de construirlas de diversos espesores.
c) Todas las respuestas anteriores son correctas.

30. El paso de estado pastoso a sólido del cemento amasado con agua se llama:

a) Fraguado.
b) Curado.
c) Endurecimiento.

En MADTEST tienes **más preguntas de este tema**, y todos tus avances quedan registrados y se reflejan en el ranking.

¡Supera tus límites con MADTEST!

Solución al test n.º 7

1. c) Debe ser acorde a las exigencias de resbaladicidad para los suelos establecida en el Documento básico SUA.

2. b) 4 mm.

3. b) Gravacemento.

4. a) Cemento Portland.

5. b) Capa de rodadura.

6. b) Pavimento táctil indicador direccional.

7. c) Franjas de acabado táctil.

8. c) Soporte estructural.

9. c) Capas de subbase.

10. c) Permite la ejecución de capas de diferentes espesores.

11. b) 30 cm.

12. b) Áridos.

13. c) Cales.

14. a) Cementos.

15. c) Emulsión bituminosa.

16. c) De la destilación fraccionada de crudos petrolíferos.

17. c) Áridos rodados.

18. a) Buena resistencia al pulido.

19. b) Aglomerante bituminoso.

20. b) Mantenimiento de la humedad adecuada.

21. b) 1,80 m.

22. a) 20 y 40 cm de ancho.

23. b) Seleccionados, adecuados, tolerables, marginales e inadecuados.

24. a) La parte del árido total retenida en el tamiz 4 mm.

25. a) Ensayo de desgaste Los Ángeles.

26. b) Aguja.

27. b) Estabilizar suelos.

28. a) Del petróleo.

29. c) Todas las respuestas anteriores son correctas.

30. a) Fraguado.

TEST N.º 8

Mobiliario Urbano: Contenedores, papeleras. Vallas de protección peatonal, bolardos, bancos, puntos de luz

1. ¿Cuál es la altura máxima permitida desde el suelo para los elementos del mobiliario urbano según la Orden TMA/851/2021?

a) 2,50 m.
b) 2,20 m.
c) 2,00 m.

2. ¿Cuál es la regulación para el diseño de mesas en espacios públicos según la Orden TMA/851/2021?

a) Altura máxima de 30 cm desde el suelo.
b) Altura máxima de 40 cm desde el suelo.
c) Altura máxima de 85 cm.

3. ¿Cuál es la distancia mínima que deben tener los pasamanos del paramento vertical?

a) 3 cm
b) 4 cm
c) 5 cm

4. ¿Cuál es el diámetro mínimo que deben tener los bolardos?

a) 5 cm
b) 8 cm
c) 10 cm

5. ¿Qué requisito debe cumplir la señalización en las vallas utilizadas para obras e intervenciones públicas?

a) Debe ser visible solo de día.
b) Debe incluir señales auditivas.
c) Debe tener señalización luminosa o de advertencia.

6. ¿A qué distancia debe ubicarse el mobiliario urbano del límite entre el bordillo y la calzada?

a) 30 cm.
b) 40 cm.
c) 50 cm.

7. Todo elemento transparente será señalizado de modo que todas las superficies vidriadas o transparentes que intervengan en el tránsito deben incorporar elementos que garanticen su detección. Han de estar señalizadas con dos bandas horizontales opacas. Las bandas tendrán una anchura de:

a) 4 cm.
b) Entre 5 y 10 cm.
c) 15 cm.

8. ¿Cómo deben estar señalizadas las superficies vidriadas en el mobiliario urbano?

a) Con bandas verticales opacas.
b) Con dos bandas horizontales opacas.
c) Con símbolos táctiles.

9. ¿Qué característica debe tener el diseño de las vallas en zonas con riesgo de caídas?

a) Deben ser escalables.
b) Pueden tener puntos de apoyo entre 20 y 70 cm.
c) No serán escalables y no tendrán puntos de apoyo entre 20 y 70 cm.

10. ¿Cómo deben ser las aberturas en las vallas para asegurar la seguridad de los peatones?

a) Pueden ser de cualquier tamaño.
b) No deben superar los 15 cm.
c) No deben superar los 10 cm.

11. ¿Qué características deben tener las superficies vidriadas o transparentes en el mobiliario urbano?

a) Deben ser completamente transparentes.
b) Deben tener bandas horizontales opacas.
c) No necesitan señalización.

12. ¿Qué debe garantizar el diseño del mobiliario urbano en su ubicación?

a) Que se localice a más de 50 cm de cualquier paso peatonal.
b) Que no invada el itinerario peatonal accesible.
c) Que sea completamente móvil.

13. ¿Qué criterio se aplica a la ubicación de elementos de mobiliario urbano respecto a la zona de aparcamiento?

a) Debe permitir la visibilidad completa de la acera.
b) Debe permitir entrar y salir del vehículo sin dificultad.
c) Debe maximizar el espacio de aparcamiento.

14. ¿Qué criterios deben seguir los bolardos en cuanto a su diseño y ubicación?

a) Deben ser alineados aleatoriamente.
b) Deben ser alineados y tener una altura entre 0,75 y 1,00 m.
c) Pueden ser de cualquier altura y diseño.

15. ¿Qué características deben tener los bancos instalados en zonas de uso peatonal según la Orden TMA/851/2021?

a) Deben tener una profundidad de asiento de 35 cm.
b) Deben tener reposabrazos y un respaldo con altura mínima de 45 cm.
c) No necesitan tener reposabrazos.

16. ¿Cuál es la altura máxima de salientes permitidos en el mobiliario urbano entre 0,40 m y 2,20 m de altura?

a) 20 cm.
b) 15 cm.
c) 10 cm.

17. ¿Cuál es la altura mínima de la envolvente de los elementos de mobiliario urbano sin aristas vivas?

a) 2,00 m.
b) 2,20 m.
c) 2,50 m.

18. ¿Qué altura mínima deben tener las barandillas en áreas con diferencia de cota menor de 6,00 m?

a) 80 cm
b) 90 cm
c) 1,00 m

19. ¿Cuál es el ancho mínimo de los pasamanos según la Orden TMA/851/2021?

a) 2 cm
b) 2,5 cm
c) 3 cm

20. ¿Cuál es la altura mínima que deben tener las vallas en zonas de uso peatonal según la Orden TMA/851/2021?

a) 80 cm
b) 90 cm
c) 1,00 m

21. En itinerarios estrechos los soportes verticales de señales, semáforos y báculos de iluminación se dispondrán adosados en fachada, con salientes a una altura que no obstaculice el libre paso, a una altura mínima de:

a) 2 metros.
b) 2,20 metros.
c) 2,50 metros.

22. En el sistema de recogida selectiva implantado en España, ¿qué residuos se depositan en el contenedor marrón?"

a) Papel y cartón.
b) Vidrio.
c) Biorresiduos.

23. ¿En qué contenedor depositaremos recipientes de vidrio?

a) Verde.
b) Azul.
c) Amarillo.

24. En ausencia de sistemas específicos de recogida (puntos limpios), ¿en qué contenedor se depositan las bombillas fundidas dentro del sistema general de residuos urbanos?

a) En el contenedor verde oliva.
b) En el contenedor marrón.
c) En el contenedor gris.

25. En las papeleras del mobiliario urbano la altura de la boca estará situada a una altura:

a) No superior a 0,70 metros.
b) Entre 0,70 metros y 0,90 metros.
c) Entre 0,50 metros y 1,20 metros.

26. En los contenedores no enterrados que cuenten con una boca adicional, ¿a qué altura debe situarse la parte inferior de dicha boca adicional desde el itinerario peatonal accesible?

a) Entre 0,70 y 1,20 metros.
b) Entre 0,70 y 1,10 metros.
c) Hasta un máximo de 1,70 metros.

27. Los contenedores de residuos ubicados en la vía pública deberán colocarse preferentemente:

a) En el eje central del itinerario peatonal.
b) Junto a la banda exterior de la acera, sin invadir el itinerario peatonal accesible.
c) Adosados a la fachada, independientemente del ancho de la acera.

28. Según la Orden TMA/851/2021, de 23 de julio, las vallas utilizadas en la señalización de obras en áreas de uso peatonal deberán cumplir, entre otras, la siguiente condición de accesibilidad:

a) Disponer de una baliza luminosa que permita su correcta identificación en condiciones de baja visibilidad o durante la noche.
b) Estar adheridas permanentemente al pavimento para evitar desplazamientos.
c) Colocarse invadiendo parcialmente el itinerario peatonal accesible para aumentar su visibilidad.

29. Según la Orden TMA/851/2021, de 23 de julio, ¿cuál será el ancho o diámetro mínimo de los bolardos?

a) 10 cm.
b) 20 cm.
c) 30 cm.

30. Según la Orden TMA/851/2021, de 23 de julio, los bolardos instalados en las zonas de uso peatonal se ubicarán de forma alineada y tendrán una altura situada entre:

a) 0,50 y 0,70 metros.
b) 0,75 y 1,00 metros.
c) 1 y 1,10 metros.

En MADTEST tienes **más preguntas de este tema**, y todos tus avances quedan registrados y se reflejan en el ranking.

¡Supera tus límites con MADTEST!

Solución al test n.º 8

1. b) 2,20 m.

2. c) Altura máxima de 85 cm.

3. b) 4 cm.

4. c) 10 cm.

5. c) Debe tener señalización luminosa o de advertencia.

6. b) 40 cm.

7. b) Entre 5 y 10 cm.

8. b) Con dos bandas horizontales opacas.

9. c) No serán escalables y no tendrán puntos de apoyo entre 20 y 70 cm.

10. c) No deben superar los 10 cm.

11. b) Deben tener bandas horizontales opacas.

12. b) Que no invada el itinerario peatonal accesible.

13. b) Debe permitir entrar y salir del vehículo sin dificultad.

14. b) Deben ser alineados y tener una altura entre 0,75 y 1,00 m.

15. b) Deben tener reposabrazos y un respaldo con altura mínima de 45 cm.

16. b) 15 cm.

17. b) 2,20 m.

18. b) 90 cm

19. c) 3 cm.

20. b) 90 cm.

21. b) 2,20 metros.

22. c) Biorresiduos.

23. a) Verde.

24. c) En el contenedor gris.

25. b) Entre 0,70 metros y 0,90 metros.

26. b) Entre 0,70 y 1,10 metros.

27. b) Junto a la banda exterior de la acera, sin invadir el itinerario peatonal accesible.

28. a) Disponer de una baliza luminosa que permita su correcta identificación en condiciones de baja visibilidad o durante la noche.

29. a) 10 cm.

30. b) 0,75 y 1,00 metros.

TEST N.º 9

Diferentes labores para el mantenimiento de las zonas verdes a lo largo del año. Maquinaria y herramientas utilizadas para el mantenimiento de las zonas verdes

1. ¿Cuál es el mejor momento para realizar la plantación en jardines de clima atlántico u oceánico?

a) Finales del verano.
b) Finales de invierno.
c) Principios de otoño o principios de primavera.

2. ¿Cuál es el procedimiento adecuado para plantar árboles o arbustos en términos de preparación del suelo?

a) Uso exclusivo de fertilizantes químicos.
b) Separación de capas de tierra, eliminación de hierbas, enriquecimiento del suelo y añadir capa de compost o mantillo en el fondo del hoyo.
c) Mantenimiento de una sola capa de tierra compactada.

3. ¿Cuál es una recomendación importante para la selección de plantas a comprar?

a) Elegir plantas con el sistema radicular más pequeño posible.
b) Revisar el aspecto externo y las raíces para asegurar que estén sanas.
c) Seleccionar únicamente plantas que estén en plena floración.

4. ¿Cuál es la herramienta más adecuada para realizar cortes precisos en el mantenimiento de arbustos?

a) Machetes.
b) Tijeras de podar.
c) Sierras eléctricas grandes.

5. ¿Cuándo es aconsejable realizar la plantación en jardines de clima mediterráneo para aprovechar las estaciones de lluvia?

a) Principios de primavera.
b) Finales del verano o principios de otoño.
c) Principios de verano.

6. ¿Qué preparación del suelo se recomienda para plantas de temporada, bulbos o siembra de semillas?

a) Compactación del suelo sin aditivos.
b) Aireación sin eliminación de hierbas.
c) Eliminación de hierbas y enriquecimiento con compost o mantillo.

7. ¿Cuál es el mejor momento para plantar en jardines de clima continental y montañoso?

a) Finales de verano.
b) Principios de primavera, después del riesgo de heladas.
c) Durante el invierno.

8. ¿Para qué se utiliza principalmente una escarificadora en el mantenimiento de céspedes?

a) Para cortar el césped.
b) Para fertilizar el césped.
c) Para mejorar la aireación del suelo.

9. Según el modelo de arbolamiento del Ayuntamiento de Valladolid Los árboles con la estructura intervenida se caracterizan por:

a) Requerir podas de reducción periódicas.
b) Copas menos sanas a causa de la competencia entre ejes.
c) Todas son correctas.

10. ¿Qué se debe hacer inmediatamente después de plantar una planta?

a) Exponerla directamente al sol intenso.
b) Limitar el riego a pequeñas cantidades.
c) Regar abundantemente y considerar acolchar el suelo.

11. ¿Qué se debe hacer con las raíces enroscadas de plantas que han crecido en maceta por mucho tiempo?

a) Dejarlas como están al plantar.
b) Cortar todas las raíces antes de plantar.
c) Extender o recortar las raíces enroscadas antes de plantar.

12. ¿Qué tipo de maquinaria es esencial para el mantenimiento extensivo de céspedes en grandes áreas verdes?

a) Pulverizadores manuales.
b) Herramientas de poda de mano.
c) Cortadoras de césped o cortacésped.

13. ¿Qué equipo se utiliza para pulverizan agua de forma suave y uniforme para refrescar el ambiente?

a) Nebulizadores
b) Pulverizadores de mochila o tractores con pulverizadores.
c) Aspersores.

14. ¿Cuál es la herramienta ideal para recoger hojas y otros residuos en el jardín?

a) Machetes.
b) Cortadoras de césped.
c) Rastrillos.

15. ¿Cuál es la tijera que utilizaremos para la poda de tallos verdes?

a) De yunque.
b) De triquete.
c) Bypass.

16. ¿Cuándo es ideal realizar la plantación de árboles o arbustos de hoja caduca a raíz desnuda?

a) A mediados del verano.
b) Desde finales del otoño a principios de la primavera.
c) Durante los meses más cálidos.

17. ¿Qué herramienta se recomienda para el trasplante de plantas en pequeñas plantaciones o en macetas?

a) Tractores.
b) Cortadoras de césped.
c) Palas pequeñas o paletín trasplantador.

18. ¿Para qué se usa específicamente una motosierra en el mantenimiento de zonas verdes?

a) Para airear el césped.
b) Para podar o cortar árboles y ramas gruesas.
c) Para recoger hojas.

19. ¿Qué consideración se debe tener para plantar bulbos en clima subtropical árido?

a) Plantar en el pico del verano.
b) Plantar a finales del verano o principios de otoño.
c) Plantar a principios de invierno.

20. ¿Qué maquinaria se recomienda para la creación de bordes y definición de caminos en jardines?

a) Tractores.
b) Desbrozadoras.
c) Pulverizadores.

21. ¿Cómo se denomina a la actividad que consiste en labrar la tierra para repartir los terrones y, a la vez, romperlos? Se suele realizar al final del invierno, cuando finalizan las heladas:

a) Desmenuzar.
b) Laboreo.
c) Mullir.

22. Consiste en dar una segunda vuelta a la tierra, para aflojar el suelo. Es una operación que frena la evaporación del agua de superficie:

a) Binar.
b) Escardar.
c) Airear.

23. ¿Cuál debe ser la altura del corte de una pradera, que puede ser normal a lo largo de la temporada vegetativa?

a) 12-15 cm.
b) 15- 18 cm.
c) 3- 4 cm.

24. ¿Cuál es el mejor momento del año para realizar el aireado complementado con el refuerzo del drenaje?

a) Finales del invierno.
b) Principios de primavera.
c) Otoño.

25. Actividad con la que abrimos surcos en el suelo con el fin de poder plantar en ellos:

a) Desbrozar.
b) Roturar.
c) Labrar.

26. Para hacer la reposición de calvas en una pradera que está en pleno funcionamiento utilizaremos:

a) Resiembras.
b) Semillas tratadas.
c) Tepes.

27. Es la técnica que se emplea en agricultura para dejar más espacio para la siembra y se promueve su producción. Se realiza a lo largo del periodo de siembra, de modo que se aprovecha para mover la tierra y crear canales por donde circula el agua, evitando que se evapore. Nos referimos a:

a) Escardar.
b) Plantar.
c) Binar.

28. ¿En qué mes se plantan las plantas perennes para que puedan echar raíces y crecer?

a) Octubre.
b) Noviembre.
c) Febrero.

29. Se trata de una azadilla de boca estrecha y mango corto, utilizado para escardar y limpiar la tierra de malas hierbas y para trasplantar plantas pequeñas:

a) Palote.
b) Hoz.
c) Almocafre.

30. Tiene dientes redondos y sirve para acarrear cantidades grandes de materiales ligeros, el abono orgánico, los matorrales y, por supuesto, la hierba tanto en seco como en verde:

a) Gancho.
b) Horquilla.
c) Rodillo.

En MADTEST tienes **más preguntas de este tema**, y todos tus avances quedan registrados y se reflejan en el ranking.

¡Supera tus límites con MADTEST!

Solución al test n.º 9

1. c) Principios de otoño o principios de primavera.

2. b) Separación de capas de tierra, eliminación de hierbas, enriquecimiento del suelo y añadir capa de compost o mantillo en el fondo del hoyo.

3. b) Revisar el aspecto externo y las raíces para asegurar que estén sanas.

4. b) Tijeras de podar.

5. b) Finales del verano o principios de otoño.

6. c) Eliminación de hierbas y enriquecimiento con compost o mantillo.

7. b) Principios de primavera, después del riesgo de heladas.

8. c) Para mejorar la aireación del suelo.

9. c) Todas son correctas.

10. c) Regar abundantemente y considerar acolchar el suelo.

11. c) Extender o recortar las raíces enroscadas antes de plantar.

12. c) Cortadoras de césped o cortacésped.

13. a) Nebulizadores

14. c) Rastrillos.

15. c) Bypass.

16. b) Desde finales del otoño a principios de la primavera.

17. c) Palas pequeñas o paletín trasplantador.

18. b) Para podar o cortar árboles y ramas gruesas.

19. b) Plantar a finales del verano o principios de otoño.

20. b) Desbrozadoras.

21. c) Mullir.

22. a) Binar.

23. c) 3- 4 cm.

24. c) Otoño.

25. b) Roturar.

26. c) Tepes.

27. a) Escardar.

28. a) Octubre.

29. c) Almocafre.

30. b) Horquilla.

Ordenanza de recogida selectiva de residuos domésticos y de limpieza viaria en la ciudad de Valladolid

1. De acuerdo con el artículo 1 de la Ordenanza de recogida selectiva de residuos domésticos y de limpieza viaria en la ciudad de Valladolid, la regulación de la recogida selectiva de residuos persigue, como objetivo prioritario, que la gestión municipal de los mismos:

a) Se oriente principalmente a optimizar la capacidad operativa de las infraestructuras de eliminación existentes.

b) Se realice conforme al orden de prioridades establecido en la normativa vigente, favoreciendo las opciones con mejor resultado ambiental global.

c) Se integre en un sistema de planificación supramunicipal que garantice la homogeneidad del tratamiento en el ámbito autonómico.

2. ¿Cuál de los siguientes residuos tiene la consideración de residuo doméstico según la Ordenanza de recogida selectiva de residuos domésticos y de limpieza viaria en la ciudad de Valladolid?

a) Residuos industriales generados directamente por procesos productivos.

b) Escombros de grandes obras de construcción.

c) Aceites de cocina usados generados en hogares.

3. Según la Ordenanza de recogida selectiva de residuos domésticos y de limpieza viaria en la ciudad de Valladolid, la limpieza de pasajes y galerías comerciales privadas corresponde:

a) A los propietarios, con independencia del régimen de propiedad.

b) Al Ayuntamiento, al existir tránsito público.

c) Al Ayuntamiento solo en horarios comerciales.

4. Según el régimen competencial establecido en la Ordenanza de recogida se-lectiva de residuos domésticos y de limpieza viaria en la ciudad de Valladolid, la Administración Municipal podrá extender la recogida selectiva a determinados re-siduos comerciales o industriales cuando:

a) Dichos residuos se generen dentro del término municipal y no superen los límites cuantitativos fijados para los residuos domésticos.
b) Por su naturaleza o en aplicación de los principios de autosuficiencia y proximidad, así lo determine el Ayuntamiento mediante instrumentos jurídicos ajustados a Derecho.
c) Los productores de esos residuos lo soliciten expresamente y asuman los costes derivados de su gestión.

5. Según la Ordenanza de recogida selectiva de residuos domésticos y de limpie-za viaria en la ciudad de Valladolid, con carácter general, la recogida ordinaria de residuos se configura como un servicio que:

a) Se presta previa solicitud individualizada de las personas productoras.
b) Se articula prioritariamente mediante la entrega directa en puntos limpios.
c) Se realiza sin necesidad de solicitud previa, condicionada a la separación en origen.

6. En el régimen de recogidas a demanda, el incumplimiento de las condiciones fijadas por el Ayuntamiento de Valladolid, descritas en la Ordenanza de recogida selectiva de residuos domésticos y de limpieza viaria de la ciudad:

a) Produce únicamente la pérdida del derecho a futuras solicitudes.
b) Puede ser constitutivo de infracción administrativa conforme a la Ordenanza.
c) Da lugar exclusivamente a la anulación del servicio sin otras consecuencias.

7. En relación con los establecimientos comerciales de carácter colectivo, la Or-denanza de recogida selectiva de residuos domésticos y de limpieza viaria en la ciu-dad de Valladolid exige que:

a) Se elabore un plan de separación en origen suscrito por todos los locales integrantes.
b) Cada local gestione individualmente sus residuos al margen del sistema municipal.
c) Se limite la recogida municipal a los residuos no reciclables.

8. Según la Ordenanza de recogida selectiva de residuos domésticos y de limpie-za viaria en la ciudad de Valladolid, en los eventos públicos con elevada afluencia de personas, la entidad organizadora está obligada a:

a) Solicitar refuerzos extraordinarios del servicio municipal de limpieza.
b) Asumir la limpieza únicamente cuando así lo determine expresamente el Ayuntamiento.
c) Presentar un plan de prevención y gestión de residuos para su aprobación.

9. En relación con la recogida separada de papel y cartón doméstico, la Ordenanza de recogida selectiva de residuos domésticos y de limpieza viaria en la ciudad de Valladolid establece la obligación de:

a) Depositarlo íntegramente en contenedores específicos sin manipulación previa.
b) Retirar previamente elementos impropios como plásticos o metales.
c) Gestionarlo como fracción resto cuando proceda de actividades comerciales.

10. De acuerdo con la Ordenanza de recogida selectiva de residuos domésticos y de limpieza viaria en la ciudad de Valladolid, la gestión preferente de los medicamentos caducados, en desuso o de sus restos se articula mediante:

a) Su integración en el sistema municipal de recogida de residuos domésticos, siempre que se depositen correctamente en la fracción resto.
b) Su entrega en instalaciones municipales de recogida selectiva destinadas a residuos especiales de origen doméstico.
c) Los sistemas específicos de recogida habilitados en oficinas de farmacia conforme a la normativa aplicable.

11. Según la Ordenanza de recogida selectiva de residuos domésticos y de limpieza viaria en la ciudad de Valladolid, los residuos de aparatos eléctricos y electrónicos (RAEE):

a) Deben gestionarse separadamente conforme a lo previsto en el Real Decreto 110/2015.
b) Pueden integrarse en la fracción resto cuando no contengan componentes peligrosos.
c) Son recogidos exclusivamente por los servicios municipales.

12. En materia de animales domésticos muertos, la Ordenanza de recogida selectiva de residuos domésticos y de limpieza viaria en la ciudad de Valladolid prohíbe expresamente:

a) Su entrega a clínicas veterinarias habilitadas.
b) Su gestión mediante gestores autorizados.
c) Su abandono en la vía pública o su depósito en contenedores.

13. Siguiendo la Ordenanza de recogida selectiva de residuos domésticos y de limpieza viaria en la ciudad de Valladolid y con carácter general, el acceso y uso de los puntos limpios municipales se reserva a:

a) Empresas y profesionales que desarrollen su actividad en el municipio.
b) Personas residentes en domicilios particulares del municipio.
c) Cualquier persona empadronada en la provincia de Valladolid.

**14. En situaciones de nevada, la retirada de nieve y hielo de las aceras correspon-
de, según la Ordenanza de recogida selectiva de residuos domésticos y de limpieza
viaria en la ciudad de Valladolid, a:**

a) Los titulares de los edificios o quienes tengan a su cargo su limpieza. b) Los servicios
municipales de limpieza viaria.
b) Los servicios de protección civil y emergencia.

**15. De acuerdo con el régimen sancionador de la Ordenanza de recogida selecti-
va de residuos domésticos y de limpieza viaria en la ciudad de Valladolid, las infrac-
ciones muy graves pueden ser sancionadas con multa de hasta:**

a) 1.500 euros, conforme al límite general de la Ley 7/1985.
b) 2.000 euros, atendiendo al principio de proporcionalidad.
c) 3.000 euros, dentro de los límites legalmente establecidos.

**16. La Ordenanza de recogida selectiva de residuos domésticos y de limpieza
viaria en la ciudad de Valladolid prioriza la gestión de residuos conforme a:**

a) El principio de proximidad económica.
b) El mejor resultado ambiental global posible.
c) La viabilidad financiera del servicio.

**17. La recogida de residuos de pequeños comercios se fundamenta jurídicamente
en:**

a) El principio de autosuficiencia y proximidad del artículo 9 de la Ley 7/2022.
b) El principio de subsidiariedad del artículo 8 de la Ley 7/2022.
c) La libre competencia.

**18. Según la Ordenanza de recogida selectiva de residuos domésticos y de lim-
pieza viaria en la ciudad de Valladolid, los residuos generados en servicios e indus-
trias se consideran domésticos cuando:**

a) Se produzcan en locales de menos de 500 m2.
b) Sean similares en composición y cantidad a los generados en los hogares y no
procedan de su actividad propia.
c) Estén incluidos en convenios con el Ayuntamiento.

**19. ¿Cuál de los siguientes residuos tiene expresamente la consideración de
residuo doméstico?**

a) Residuos peligrosos industriales.
b) Residuos sanitarios infecciosos.
c) Vehículos abandonados.

20. Los residuos procedentes de centros comerciales colectivos:

a) Nunca son competencia municipal.
b) Pueden incluirse cuando sean asimilables a domésticos.
c) Se consideran siempre industriales.

21. Según la Ordenanza de recogida selectiva de residuos domésticos y de limpieza viaria en la ciudad de Valladolid, el Ayuntamiento puede modificar las medidas de la Ordenanza cuando:

a) Lo soliciten los gestores.
b) No se alcancen los objetivos establecidos.
c) Se apruebe una nueva ordenanza fiscal.

22. Con carácter general, los servicios municipales de recogida selectiva de residuos domésticos y de limpieza viaria en la ciudad de Valladolid:

a) No accederán a recintos cerrados privados.
b) Accederán a recintos privados previa autorización.
c) Accederán a patios comunitarios.

23. ¿Cuál de los siguientes establecimientos está incluido en la recogida de residuos municipal de la ciudad de Valladolid?

a) Supermercados de cualquier tamaño.
b) Centros comerciales colectivos.
c) Comercios de menos de 400 m2, con excepciones.

24. El Ayuntamiento de Valladolid puede imponer obligaciones especiales a poseedores de residuos cuando:

a) Sean residuos comerciales.
b) Presenten peligrosidad o dificultad de gestión.
c) Superen un determinado peso.

25. ¿En qué supuesto NO puede el Ayuntamiento de Valladolid obligar al productor a gestionar el residuo fuera del sistema municipal?

a) Residuos comerciales no incluidos.
b) Residuos industriales asimilables.
c) Residuos domésticos generados en hogares, salvo norma específica.

26. El Ayuntamiento de Valladolid podrá extender su competencia a residuos comerciales o industriales cuando:

a) Lo acuerde mediante instrumentos jurídicos válidos.
b) Lo solicite el productor.
c) Sean no peligrosos.

27. En situaciones de emergencia declaradas, la población usuaria debe:

a) Depositar residuos en puntos limpios.
b) Abstenerse de depositar residuos.
c) Reducir el volumen de los residuos.

28. La titularidad del residuo pasa al Ayuntamiento de Valladolid cuando:

a) Se entrega correctamente al servicio municipal o a gestor autorizado.
b) Se genera el residuo.
c) Se deposita en la vía pública.

29. La responsabilidad por residuos entregados indebidamente corresponde:

a) Solo al productor.
b) Solo al receptor.
c) Solidariamente a ambas partes.

30. El sistema de recogida ordinaria se caracteriza por:

a) Requerir siempre solicitud previa.
b) Exigir separación en origen sin solicitud previa.
c) Realizarse exclusivamente puerta a puerta.

En MADTEST tienes **más preguntas de este tema**, y todos tus avances quedan registrados y se reflejan en el ranking.

¡Supera tus límites con MADTEST!

Solución al test n.º 10

1. b) Se realice conforme al orden de prioridades establecido en la normativa vigente, favoreciendo las opciones con mejor resultado ambiental global.

2. c) Aceites de cocina usados generados en hogares.

3. a) A los propietarios, con independencia del régimen de propiedad.

4. b) Por su naturaleza o en aplicación de los principios de autosuficiencia y proximidad, así lo determine el Ayuntamiento mediante instrumentos jurídicos ajustados a Derecho.

5. c) Se realiza sin necesidad de solicitud previa, condicionada a la separación en origen.

6. b) Puede ser constitutivo de infracción administrativa conforme a la Ordenanza.

7. a) Se elabore un plan de separación en origen suscrito por todos los locales integrantes.

8. c) Presentar un plan de prevención y gestión de residuos para su aprobación.

9. b) Retirar previamente elementos impropios como plásticos o metales.

10. c) Los sistemas específicos de recogida habilitados en oficinas de farmacia conforme a la normativa aplicable.

11. a) Deben gestionarse separadamente conforme a lo previsto en el Real Decreto 110/2015.

12. c) Su abandono en la vía pública o su depósito en contenedores.

13. b) Personas residentes en domicilios particulares del municipio.

14. a) Los titulares de los edificios o quienes tengan a su cargo su limpieza. b) Los servicios municipales de limpieza viaria.

15. c) 3.000 euros, dentro de los límites legalmente establecidos.

16. b) El mejor resultado ambiental global posible.

17. a) El principio de autosuficiencia y proximidad del artículo 9 de la Ley 7/2022.

18. b) Sean similares en composición y cantidad a los generados en los hogares y no procedan de su actividad propia.

19. c) Vehículos abandonados.

20. b) Pueden incluirse cuando sean asimilables a domésticos.

21. b) No se alcancen los objetivos establecidos.

22. a) No accederán a recintos cerrados privados.

23. c) Comercios de menos de 400 m2, con excepciones.

24. b) Presenten peligrosidad o dificultad de gestión.

25. c) Residuos domésticos generados en hogares, salvo norma específica.

26. a) Lo acuerde mediante instrumentos jurídicos válidos.

27. b) Abstenerse de depositar residuos.

28. a) Se entrega correctamente al servicio municipal o a gestor autorizado.

29. c) Solidariamente a ambas partes.

30. b) Exigir separación en origen sin solicitud previa.

TEST N.º 11

Protocolo de Seguridad en el Trabajo para el puesto de peón/peona. Seguridad y salud en el trabajo para el puesto de Peón/a/Ayudante – peón/a especialista de Vías Públicas. Equipos de protección individual y protecciones colectiva

1. ¿Qué principal objetivo persigue la Ley de Prevención de Riesgos Laborales (31/1995)?

a) Promover la contratación de trabajadores.
b) Aumentar la productividad en el trabajo.
c) Promover la seguridad y la salud de los trabajadores.

2. ¿Qué se considera un riesgo grave e inminente bajo la normativa de prevención de riesgos laborales?

a) Un cambio significativo en las políticas de empleo de la empresa.
b) Una situación probable que se materialice en un futuro inmediato y pueda suponer un daño grave para la salud de los trabajadores.
c) Un desacuerdo laboral que afecte a más del 50% de la plantilla.

3. Cuando resulte probable racionalmente que se materialice en un futuro inmediato y pueda suponer un daño grave para la salud de los trabajadores hablaremos de riesgo:

a) Grave.
b) Inminente.
c) Todas son correctas.

4. ¿Qué medidas de seguridad deben observar los Peones Especialistas al subir o bajar de la cabina del camión?

a) Utilizar un sistema de arnés de seguridad.
b) Verificar que no haya tráfico cerca del vehículo.
c) Subir y bajar de cara al vehículo, utilizando asideros y peldaños.

5. ¿Qué deben hacer los Peones Especialistas de recogida de residuos antes de comenzar su jornada laboral?

a) Firmar un documento de conformidad con las tareas asignadas.
b) Realizar ejercicios de calentamiento físico.
c) Presentarse al mando intermedio y comprobar los EPI's necesarios.

6. ¿Qué equipamiento de protección individual es obligatorio para un Peón Especialista durante la recogida de residuos?

a) Solo guantes de protección.
b) Equipamiento para protección auditiva.
c) Guantes de resistencia mecánica, gafas de protección, botas de seguridad, y ropa con retrorreflectantes.

7. ¿Cuál es un principio básico de los trabajadores según la Ley 31/1995?

a) Derecho a recibir compensación por horas extras.
b) Derecho a una protección eficaz en materia de seguridad y salud en el trabajo.
c) Derecho a tres pausas diarias en la jornada laboral.

8. ¿Qué debe hacer un Peón Especialista al finalizar la recogida de residuos en una ubicación?

a) Dejar los residuos sin compactar para ahorrar tiempo.
b) Asegurarse de que todos los residuos estén dentro del contenedor y que este esté correctamente cerrado.
c) Dejar los residuos fuera del contenedor para facilitar la recogida posterior.

9. ¿Qué derecho permite al trabajador paralizar su actividad laboral?

a) Si el trabajo asignado no corresponde a su categoría profesional.
b) Si existe un riesgo grave e inminente para su vida o salud.
c) Si no se ha cumplido con el pago de su salario.

10. ¿Qué debe hacer el empresario respecto a la seguridad y la salud de los trabajadores?

a) Proveer bonificaciones mensuales por cumplimiento de normas.
b) Adoptar las medidas adecuadas para garantizar la seguridad y salud en el trabajo.
c) Ofrecer transporte gratuito a zonas de alto riesgo.

11. ¿Qué se considera un riesgo laboral según la normativa española?

a) La posibilidad de recibir una promoción laboral.
b) La posibilidad de que un trabajador sufra un determinado daño derivado del trabajo.
c) El potencial económico de la empresa para invertir en seguridad.

12. ¿Qué es un Delegado de Prevención según la normativa española?

a) Un consultor externo en materia de seguridad.
b) Un supervisor directo con funciones adicionales.
c) Un representante de los trabajadores con funciones específicas en materia de prevención de riesgos.

13. ¿Cuál es la función del Comité de Seguridad y Salud en el trabajo?

a) Coordinar eventos sociales para mejorar el ambiente laboral.
b) Supervisar las políticas de contratación y despido de la empresa.
c) Consultar regular y periódica en las actuaciones de la empresa en materia de prevención de riesgos.

14. ¿Qué deben hacer los trabajadores, con arreglo a su formación y siguiendo las instrucciones del empresario, según la Ley 31/1995 en relación con la prevención de riesgos?

a) Participar en cursos anuales obligatorios fuera del horario laboral.
b) Utilizar correctamente los medios y equipos de protección facilitados por el empresario.
c) Reportar mensualmente cualquier incidente menor a la dirección.

15. ¿Qué protocolo deben seguir los Peones Especialistas al llegar al primer punto de recogida de residuos?

a) Tomar un descanso antes de iniciar la recogida.
b) Distribuir tareas específicas entre el equipo.
c) Ponerse los guantes de resistencia mecánica y las gafas de protección.

16. ¿Cómo deben proceder los Peones Especialistas al manipular residuos en el suelo?

a) Utilizar maquinaria pesada para levantar residuos grandes.
b) Recoger los residuos conforme al protocolo manual de cargas y evitar las prisas.
c) Dejar los residuos más pesados para el final de la jornada.

17. ¿Qué precauciones deben tomar los Peones Especialistas al empujar contenedores hasta el sistema de elevación?

a) Asegurarse de que el contenedor esté completamente vacío.
b) Retirar los frenos del contenedor y empujarlo sujetándolo por sus asideros.
c) Llevar el contenedor en un vehículo motorizado.

18. ¿Cuál es el procedimiento adecuado si un Peón Especialista encuentra objetos peligrosos como amianto o productos químicos durante la recogida de residuos?

a) Ignorar estos objetos y continuar con la recogida.
b) Manipularlos sin medidas de protección adicionales.
c) Comunicar al conductor y seguir el protocolo establecido para materiales peligrosos.

19. ¿Cómo deben actuar los Peones Especialistas al encontrarse con un contenedor con sobrepeso?

a) Intentar presionar los residuos hacia abajo para hacer más espacio.
b) Dejarlo sin atender hasta que se vacíe el contenedor.
c) Elevarlo con el sistema de gancho, siempre que los pivotes del contenedor lo permitan.

20. Qué se entiende por "riesgo laboral":

a) La posibilidad de que un trabajador sufra un determinado daño derivado del trabajo.
b) La posibilidad de que un trabajador sufra una enfermedad en el trabajo.
c) La posibilidad de que un trabajador sufra acoso.

21. El derecho básico reconocido a los trabajadores por la Ley 31/1995, de 8 de noviembre, es:

a) La vigilancia de su estado de salud.
b) Una protección eficaz en materia de seguridad y salud en el trabajo.
c) La formación en materia preventiva.

22. Indica cuál es la definición de prevención:

a) La probabilidad racional de que un riesgo se materialice de forma inminente.
b) El estudio de los procesos potencialmente peligrosos para el trabajo.
c) Conjunto de actividades o medidas adoptadas o previstas en todas las fases de actividad de la empresa con el fin de evitar o disminuir los riesgos derivados del trabajo.

23. Entre los principios de la acción preventiva recogidos por el artículo 15 de la Ley de Prevención de Riesgos Laborales, no figura:

a) Evitar los riesgos.
b) Evaluar los riesgos que se puedan evitar.
c) Tener en cuenta la evolución de la técnica.

24. La prevención de riesgos laborales deberá integrarse en el sistema general de gestión de la empresa a través de:

a) La política preventiva.
b) El plan de prevención.
c) El consenso de las partes.

25. Según la Ley de Prevención de Riesgos Laborales, es obligación de los trabajadores en materia de prevención de riesgos:

a) La protección eficaz en materia de seguridad y salud en el trabajo.
b) Utilizar correctamente los medios y equipos de protección facilitados por el empresario, de acuerdo con las instrucciones recibidas de éste.
c) Soportar el coste de las medidas relativas a la seguridad y la salud en el trabajo.

26. ¿Quién debe proporcionar al trabajador los equipos individuales de protección adecuados para el desempeño de sus funciones?

a) La Comunidad Autónoma.
b) El empresario.
c) El Instituto Nacional de Seguridad y Salud.

27. En el marco de sus responsabilidades, el empresario realizará la prevención de los riesgos laborales mediante la integración en la empresa de:

a) Los equipos de protección individual.
b) Los Servicios de Prevención propios.
c) La actividad preventiva.

28. Es un tipo de fuente de riesgo laboral:

a) Equipos y herramientas.
b) Caída de personas a distinto nivel.
c) Sobreesfuerzos.

29. De los siguientes, puede considerarse un equipo de protección individual:

a) Los cinturones de seguridad de automóviles.
b) Los equipos de socorro y salvamento.
c) Las cremas barrera.

30. Cuando existe un riesgo, la primera medida a adoptar sería:

a) Controlar el riesgo en origen.
b) Evitar el riesgo.
c) Proporcionar equipos de protección individual.

En MADTEST tienes **más preguntas de este tema**, y todos tus avances quedan registrados y se reflejan en el ranking.

¡Supera tus límites con MADTEST!

Solución al test n.º 11

1. c) Promover la seguridad y la salud de los trabajadores.

2. b) Una situación probable que se materialice en un futuro inmediato y pueda suponer un daño grave para la salud de los trabajadores.

3. c) Todas son correctas.

4. c) Subir y bajar de cara al vehículo, utilizando asideros y peldaños.

5. c) Presentarse al mando intermedio y comprobar los EPI's necesarios.

6. c) Guantes de resistencia mecánica, gafas de protección, botas de seguridad, y ropa con retrorreflectantes.

7. b) Derecho a una protección eficaz en materia de seguridad y salud en el trabajo.

8. b) Asegurarse de que todos los residuos estén dentro del contenedor y que este esté correctamente cerrado.

9. b) Si existe un riesgo grave e inminente para su vida o salud.

10. b) Adoptar las medidas adecuadas para garantizar la seguridad y salud en el trabajo.

11. b) La posibilidad de que un trabajador sufra un determinado daño derivado del trabajo.

12. c) Un representante de los trabajadores con funciones específicas en materia de prevención de riesgos.

13. c) Consultar regular y periódica en las actuaciones de la empresa en materia de prevención de riesgos.

14. b) Utilizar correctamente los medios y equipos de protección facilitados por el empresario.

15. c) Ponerse los guantes de resistencia mecánica y las gafas de protección.

16. b) Recoger los residuos conforme al protocolo manual de cargas y evitar las prisas.

17. b) Retirar los frenos del contenedor y empujarlo sujetándolo por sus asideros.

18. c) Comunicar al conductor y seguir el protocolo establecido para materiales peligrosos.

19. c) Elevarlo con el sistema de gancho, siempre que los pivotes del contenedor lo permitan.

20. a) La posibilidad de que un trabajador sufra un determinado daño derivado del trabajo.

21. b) Una protección eficaz en materia de seguridad y salud en el trabajo.

22. c) Conjunto de actividades o medidas adoptadas o previstas en todas las fases de actividad de la empresa con el fin de evitar o disminuir los riesgos derivados del trabajo.

23. b) Evaluar los riesgos que se puedan evitar.

24. b) El plan de prevención.

25. b) Utilizar correctamente los medios y equipos de protección facilitados por el empresario, de acuerdo con las instrucciones recibidas de éste.

26. b) El empresario.

27. c) La actividad preventiva.

28. a) Equipos y herramientas.

29. c) Las cremas barrera.

30. b) Evitar el riesgo.

Cómo acceder al Curso

Peón/a
Test del temario

El uso de los códigos **es exclusivo de los compradores de los productos de Editorial MAD**. Cada producto posee un código único y de un solo uso. Es personal e intransferible y da acceso a servicios y contenidos adicionales. Editorial MAD se reserva el derecho de hacer cuantas comprobaciones sean necesarias para identificar al legítimo poseedor del código y dejar de dar servicio a quien haga uso fraudulento del mismo, además de emprender cuantas acciones legales estime oportunas según la legislación vigente.

Deberás acceder a:

mad.es/registro-campus

Si una vez aceptadas las condiciones de uso del Campus decides hacer uso del mismo, necesitarás del siguiente código de acceso junto con los códigos del resto de títulos que se exigen (si fuera el caso):

TNL4QD76SK